Autor _ ALENCAR

Título _ CARTAS A FAVOR DA ESCRAVIDÃO

Copyright _ Hedra 2008
Organização© _ Tâmis Parron
Edição consultada _ *Ao imperador: novas cartas políticas de Erasmo* (Rio de Janeiro: Typ. de Pinheiro e Cia., 1867–1868).
Agradecimentos _ a José Mindlin, Rafael Marquese, Fernanda Trindade Luciani e Patrícia Valim
Corpo editorial _ Alexandre B. de Souza, Anderson Freitas, André Fernandes, Bruno Costa, Cauê Alves, Ciro Pirondi, Fábio Mantegari, Iuri Pereira, Jorge Sallum, Rafic Farah, Rosa Artigas, Tereza Speyer

Dados _ Dados Internacionais de Catalogação na Publicação (CIP)

Alencar, José de / *Cartas a favor da escravidão* (organização Tâmis Parron) – São Paulo : Hedra : 2008 Bibliografia.

ISBN 978-85-7715-022-9

1. Escravidão e emancipação I. Brasil II. Título

CDD-326

Índice para catálogo sistemático:
1. Escravidão e emancipação: Brasil: 326

EDITORA HEDRA LTDA.

Endereço _
R. Fradique Coutinho, 1139 (subsolo)
05416-011 São Paulo SP Brasil
Telefone/Fax _ +55 11 3097 8304
E-mail _ editora@hedra.com.br
Site _ www.hedra.com.br
Foi feito o depósito legal.

Autor _ ALENCAR
Título _ CARTAS A FAVOR DA ESCRAVIDÃO
Organização _ TÂMIS PARRON
Série _ ESCOLA DA CIDADE
São Paulo _ 2013

José Martiniano de Alencar (Mecejana, 1829—Rio de Janeiro, 1877), romancista, dramaturgo e político, destacou-se como um dos mais brilhantes homens de letras do Brasil no século XIX. Lembrado hoje, sobretudo, como o autor de *O Guarani* (1857), *Iracema* (1865) e *Senhora* (1875), Alencar dedicou quase um terço de sua vida intelectualmente produtiva à atividade parlamentar, elegendo-se quatro vezes deputado geral e ocupando por três anos o cargo de ministro da Justiça (1868–1870), quando quase se tornou senador. Na década de 1870, em que o Romantismo, a monarquia e a escravidão foram submetidos a uma intensa revisão crítica no país, passou a sofrer poderosos ataques de inimigos na literatura e na política. Após grave acometimento de tuberculose, veio a falecer deixando um rico espólio de mais de vinte romances, quase uma dezena de peças teatrais, textos de crítica literária, estudos jurídicos, ensaios políticos e artigos de jornal.

Cartas a favor da escravidão reúne uma série de sete textos políticos inscritos no gênero epistolar que José de Alencar publicou em franca oposição a D. Pedro II sob o título *Ao imperador: novas cartas políticas de Erasmo* (1867–1868). O propósito central da obra era a defesa política da escravidão brasileira, que vinha sofrendo intensa pressão internacional e doméstica após a abolição nos Estados Unidos (1865). Talvez por ter abordado um tema controverso para os padrões contemporâneos, as *Novas cartas políticas* foram excluídas das obras completas do autor, que a Editora José Aguilar lançou no final da década de 1950 sob idealização de Mário de Alencar e organização geral de M. Cavalcanti Proença. A presente edição procura suprir a lacuna, fornecendo um precioso texto ao público interessado nos atuais debates sobre relações raciais no país, bem como aos especialistas de literatura, história, sociologia e ciências políticas que estudam José de Alencar, Império do Brasil, escravidão e sistema representativo.

Tâmis Parron, formado em jornalismo e história pela Universidade de São Paulo (USP), organizou a edição de *Iracema*, de José de Alencar (Hedra, 2006). Atualmente, finaliza o mestrado *A política da escravidão no Império do Brasil*, e escreve em co-autoria com Rafael de Bivar Marquese e Márcia Berbel um livro de história comparada sobre a defesa política do sistema escravista na monarquia brasileira e no império espanhol, no âmbito do Projeto Temático "Formação do Estado e da Nação: Brasil, c. 1780–1850" (Fapesp).

Série Escola da Cidade é resultado de uma parceria com o Seminário de Cultura e Realidade Contemporânea, da faculdade de arquitetura e urbanismo Escola da Cidade, e visa a publicação do pensamento brasileiro sobre arte, história, arquitetura e política.

SUMÁRIO

INTRODUÇÃO

Em 1867, José de Alencar começou a publicar *Ao imperador: novas cartas políticas de Erasmo*, provavelmente a mais controversa de suas dezenas de obras. Nela não compôs romance nem peça de teatro, não teorizou a nacionalidade brasileira nem a estética literária, áreas que o erigiram em mestre do vernáculo para os contemporâneos e gerações futuras. As *Novas cartas políticas* tiveram por objeto principal um assunto bem menos nobre, ao menos para o leitor de hoje: a defesa da escravidão negra no Brasil. Dirigidas ao imperador D. Pedro II em tom contundente e pedagógico, elas davam continuidade à primeira série epistolar, *Ao imperador: cartas* (1865), em que o romancista tinha apostrofado o monarca para tratar de outros problemas políticos, como a conflituosa relação entre a Coroa, o Executivo e o Parlamento.[1]

Os dois conjuntos de cartas tiveram, porém, trajetória editorial e fortuna crítica distintas, por conta de seus respectivos assuntos. Enquanto a série mais antiga, relativamente citada na historiografia, acabou inserida na *Obra completa* que a Editora José Aguilar lançou em 1959, a segunda foi excluída do *corpus* de textos do autor, na provável tentativa de expurgar sua memória artística de uma posição moralmente insustentável para os padrões

[1] Vide José de Alencar. *Ao Imperador: cartas*. Rio de Janeiro: Typ. de Mello, 1865. No ano seguinte, essa primeira sequência ganhou o título *Ao Imperador: cartas políticas de Erasmo*. 3ª ed. Rio de Janeiro: Typ. de Pinheiro e Cia, 1866.

culturais hegemônicos desde o final do século XIX. É justamente essa lacuna que a presente edição propõe reparar, para enriquecer o repertório discursivo do Império do Brasil com uma composição que possa interessar aos estudiosos da política, da escravidão e da literatura, bem como ao público em geral que se sinta contemplado nas discussões recentes sobre raça e mobilidade social no Brasil.[2]

Como se sabe, José de Alencar (1829–1877) era escritor fecundo. São de sua lavra mais de vinte romances, quase uma dezena de peças de teatro, numerosas crônicas de jornal, textos de crítica literária, estudos jurídicos, ensaios teóricos sobre a Constituição e sobre o regime representativo, arguições parlamentares editadas em opúsculos e, finalmente, as sequências das *Cartas políticas*, publicadas sob o pseudônimo de Erasmo, em alusão ao grande humanista neerlandês Erasmo de Roterdã (c. 1469–1536). Desse repertório se pode dizer que os escritos sobre política e direito constituem produção tardia em relação ao romance e ao teatro, com datação posterior à entrada do já consagrado escritor no circuito dos altos cargos públicos do Império. No caso particular das *Car-*

[2] A relação de obras que não mencionam nem analisam as *Novas cartas políticas* é extensa. Entre as omissões mais relevantes, pode-se citar José de Alencar. *Obra completa*. Rio de Janeiro: José Aguilar, 1960, v. IV; o vastíssimo *Catálogo da Exposição de História do Brasil*. 1ª ed., 1881. Brasília: Editora da Universidade de Brasília, 3 v., 1981; e a biografia escrita por Luiz Viana Filho. *A vida de José de Alencar*. São Paulo: Ed. Unesp/Salvador: Edufba, 2008. Cf. tb. Silvio Romero. *História da literatura brasileira*. Org. por Nelson Romero. Rio de Janeiro: José Olympio, 1960, v. V, pp. 1464 e ss., onde se fala genericamente das "cartas de Erasmo". Exceção deve ser feita ao trabalho de Sílvia Cristina Martins de Souza, "Um panfletista pouco conhecido do império". In *Cadernos de História Social*, Campinas, n. 3 (abril/1996), pp. 69–95, que republicou a segunda, a terceira e a quarta missivas. Note-se apenas que, num equívoco frequente entre especialistas, Souza diz ter havido seis *Novas cartas políticas*. De fato, a série consiste em sete epístolas.

tas políticas, Alencar as escreveu após seu primeiro mandato na Câmara dos Deputados (1861–1863), obtido sob os auspícios do Partido Conservador, que o apoiaria em toda a carreira política, desde a reeleição como deputado-geral (1869–1872) e a nomeação como ministro da Justiça (1868), até a disputa sem êxito por uma vaga na instituição mais importante do Império, o Senado. Como foi em nome dessa agremiação que o escritor concebeu as missivas, talvez seja necessário retomar, brevemente, suas linhas ideológicas fundamentais.[5]

POLÍTICA DA ESCRAVIDÃO

Na esteira da primeira reforma constitucional brasileira — o Ato Adicional, de 1834, que instituiu as Assembleias Provinciais —, políticos ligados a grandes proprietários rurais do Rio de Janeiro, Minas Gerais, Pernambuco e Bahia se uniram para propor uma radical reorganização do Estado. Sua agenda consistia em centralizar o Judiciário do Império nas mãos do Executivo e repassar parte do controle das eleições a funcionários nomeados direta ou indiretamente pelo governo central. Em 1841, após anos de contendas parlamentares, o grupo, então chamado de Regresso, realizou esse programa com uma superlei que reformou o Código do Processo Criminal. Seus ideólogos diziam que a "autoridade" e a "ordem"

[5]Entre as biografias do escritor, ver as clássicas de Raimundo de Menezes. *José de Alencar: literato e político*. São Paulo: Martins Editora, 1965; e de Raimundo Magalhães Jr. *José de Alencar e sua época*. São Paulo: Lisa, 1971. Cf. também a já citada de Luiz Viana Filho. *A vida de José de Alencar*; e a recente de Lira Neto. *O inimigo do rei: uma biografia de José de Alencar ou a mirabolante aventura de um romancista que colecionava desafetos, azucrinava D. Pedro* II *e acabou inventando o Brasil*. São Paulo: Globo, 2006.

do poder central deviam prevalecer sobre o caos da Regência (1831–1840). Nesse período, outro princípio igualmente poderoso forjou a coesão e disciplina dos líderes do Regresso: a defesa articulada, no Parlamento, da reabertura do tráfico negreiro sob a forma de contrabando. Banido em tratado internacional a partir de 1830 e proibido por uma lei nacional de 1831, o comércio de escravos declinara nos primeiros e conturbados anos da Regência. Entretanto, a ação decisiva e coesa dos chefes do Regresso por meio de artigos de jornal, edição de livros, projetos de lei e falas parlamentares, tudo acompanhado de representações (petições) provinciais e municipais de sua base eleitoral, possibilitou a reabertura do contrabando em larga escala, a despeito dos altos custos diplomáticos encarnados na violenta oposição da Inglaterra, a maior potência mundial da época. Ao fim e ao cabo, mais de 650 mil africanos seriam ilegalmente transplantados para o Brasil entre 1836 e 1850.[4]

O grupo saquarema Na década de 1840, esse grupo, agora conhecido como saquarema, continuou a editar obras e propor leis em favor do trabalho forçado no Brasil. Dessa época datam os famosos discursos do senador

[4]Sobre os partidos imperiais e suas ideologias, ver Ilmar Rohloff de Mattos. *Tempo saquarema*. São Paulo: Hucitec/Instituto Nacional do Livro, 1987; José Murilo de Carvalho. *A construção da ordem. Teatro de sombras*. 1ª ed., respectivamente, 1980 e 1988. Rio de Janeiro: Civilização Brasileira, 2003; e Jeffrey Needell. *The Party of Order: The Conservatives, the State and Slavery in the Brazilian Monarchy, 1831–1871*. Stanford, California: Stanford University Press, 2006. Há ainda duas referências inescapáveis, escritas no século XIX: Joaquim Nabuco. *Um estadista do Império — Nabuco de Araújo*. Rio de Janeiro: Garnier, 3 vols., 1897/1899; e J. M. Pereira da Silva. *Memórias do meu tempo*. Rio de Janeiro: Garnier, 2 vols., 1896. Sobre as relações entre macro-política e escravidão, cf. Tâmis Parron. *A política da escravidão no Império do Brasil, 1826–1865*. Fapesp. Relatório parcial de Mestrado. São Paulo: DH/FFLCH/USP, 2008.

Bernardo Pereira de Vasconcelos, que afirmava que a África tinha civilizado o Brasil com o tráfico negreiro; e também a publicação da principal resposta ideológica brasileira ao *Bill Aberdeen* (1845), o livro *Inglaterra e Brasil — tráfego de escravos* (1845), de J. M. Pereira da Silva, um dos brasileiros radicados em Paris que inauguraram o Romantismo entre nós com a revista *Niterói* (1836). Todos os chefes do grupo, rebatizado de Partido Conservador no final da década — Bernardo Pereira de Vasconcelos, Paulino José Soares de Souza (visconde do Uruguai), Honório Hermeto Carneiro Leão (marquês de Paraná), Pedro de Araújo Lima (visconde de Olinda), Joaquim José Rodrigues Torres (visconde de Itaboraí) e Eusébio de Queirós —, mantiveram disciplina militar na defesa política do tráfico negreiro e da escravidão.

Na década de 1850, mesmo após o desmonte do infame comércio em face de manobras bélicas da Inglaterra e o início de dissensos entre esses caciques, nenhum abandonou a linha de conduta escravista.[5] Quando políticos mais moços pisaram na tribuna sob o patrocínio da chefatura do partido nos anos cinquenta e sessenta, acabaram por se engajar também na manutenção política do cativeiro no Brasil. Tal foi o caso de Antonio Ferreira Viana, Paulino Jr. (filho de Uruguai) e, finalmente, José de Alencar — a essa falange o historiador de hoje ainda poderia acrescentar escritores de envergadura que, em algum momento, se mostraram simpatizantes do *status quo* da

[5]Após 1853, tornou-se comum distinguir conservadores e saquaremas como dois grupos dentro do mesmo partido. Pode-se dizer *grosso modo* que os primeiros constituíam a ala moderada e transigiam nas propostas de D. Pedro II. Os segundos compunham o núcleo histórico e ideológico do partido e seguiam os votos de Uruguai, Itaboraí e Eusébio. A distinção está anotada em Joaquim Nabuco. *Um estadista do Império*, v. 1, pp. 206 e ss e 405; e foi desenvolvida em J. Needell. *The Party of Order*, pp. 174–5 e n. 18, p. 385.

escravidão, como o cônego Joaquim Caetano Fernandes Pinheiro, o historiador Francisco Adolfo de Varnhagen (visconde de Porto Seguro), o crítico literário José Feliciano de Castilho, futuro inimigo de Alencar, e o já mencionado J. M. Pereira da Silva.[6]

A oposição As *Novas cartas políticas* foram escritas em um momento desfavorável para os conservadores e crítico para o sistema escravista brasileiro. Desde 1863, vinha ocupando os ministérios e elegendo a maioria para a Câmara dos Deputados a Liga Progressista, uma facção partidária nova, composta por liberais moderados e conservadores dissidentes, que D. Pedro II apoiava explicitamente para contrabalançar o poder dos saquaremas. Ao mesmo tempo, a Guerra Civil nos Estados Unidos levara à supressão instantânea da escravidão no único país independente das Américas, afora o Brasil, que ainda a preservava. Potência política, militar e econômica já no século XIX, a república norte-americana conseguia compelir outras nações a adotar uma conduta diplomática de neutralidade respeitosa à existência da escravidão no país, defendida como pauta de soberania nacional. O desenlace da Guerra Civil provocou, assim, uma quebra estrutural na relação de forças internacionais que vinha garantindo

[6]Ver, por exemplo, J. C. Fernandes Pinheiro, "Discussão histórica: o que se deve pensar do systema de colonização seguido pelos portuguezes no Brasil. Ponto desenvolvido em sessão de 14 de Julho de 1871, pelo sócio effectivo do Instituto Historico e Geographico Brasileiro J. C. Fernandes Pinheiro"; F. Adolfo de Varnhagen. *Os Índios Bravos e o Sr. Lisboa*. Lima: Imprensa Liberal, 1867; e J. Feliciano de Castilho, "Carta introdutória". In T. F. de Almeida, *O Brazil e a Inglaterra ou o tráfico de africanos*. Rio de Janeiro: Typ. Perseverança, 1868, pp. 11–32; veja-se também o opúsculo elogioso de Varnhagen e crítico da emancipação que escreveu Frederico A. Pereira de Moraes. *Diatribe contra a timonice do Jornal de Timon Maranhense acerca da História Geral do Brasil do Sr. Varnhagen*. Lisboa: Typ. de José da Costa, 1859.

uma sobrevivência relativamente estável do cativeiro no Brasil e na colônia espanhola de Cuba, numa época vazada em liberalismo e autonomia individual.[7]

A partir de 1864, D. Pedro II começou a instar políticos da Liga Progressista a planejar a emancipação gradual dos escravos. Dois anos depois, o *Comité Français d'Émancipation* enviou um apelo subscrito por letrados de nomeada como Augustin Cochin e François Guizot, pedindo ao Império que deixasse de ser a "última terra cristã manchada pela servidão". O monarca redigiu a resposta emprazando o fim do cativeiro para a próxima ocasião oportuna. Em 1867, induziu o gabinete progressista a incluir a pauta na *Fala do Trono* — espécie de agenda das propostas básicas do Ministério, lida para as Câmaras no início do ano legislativo.[8] Foi nesse contexto que *Erasmo* resolveu publicar a nova série de epístolas políticas.

ERASMO DE ROTERDÃ E JOSÉ DE ALENCAR

José de Alencar não escolheu por capricho o pseudônimo Erasmo. Como se sabe, o célebre renascentista tinha ajudado a divulgar o gênero retórico-político chamado espelhos de príncipe, ou *specula principis*, com a obra *A educação de um príncipe cristão* (1516), escrita especialmente para o cristianíssimo e futuro imperador

[7] Ainda está por ser feito um estudo sistemático da influência política do Sul dos Estados Unidos sobre a existência da escravidão na América. Até mesmo Joaquim Nabuco entreviu na Guerra Civil o mais importante fator isolado para a abolição no Brasil e nas ilhas hispânicas. "Ninguém pode dizer quanto duraria a escravidão, se os Estados meridionais não procedessem como procederam. Com separar-se, condenaram-na à morte". Cf. Joaquim Nabuco, "O centenário de Lincoln" e "A influência de Lincoln no mundo". In *Discursos e conferências*. Rio de Janeiro: Benjamin Aguila, 1911, pp. 162-3 e 108-9.

[8] Ver José Murilo de Carvalho. *D. Pedro II — ser ou não ser.* São Paulo: Cia. das Letras, 2007, pp. 130-136.

Carlos V (1519–1558), mas também oferecida ao rei inglês Henrique VIII (1509–1547). Codificado do século XIII em diante, esse gênero compreende obras em que filósofos prescreviam normas morais aos governantes para a realização de uma administração justa. Globalmente, tais escritos constituíam a celebração de virtudes ligadas à *persona* real, ao comando da casa e da família e à relação do suserano com os súditos. Com frequência, essas obras compunham a imagem virtuosa do príncipe em exercício, mas também podiam esquadrinhar a educação perfeita do moço destinado a portar o cetro e a coroa.[9] Nesse sentido, pode-se dizer que Alencar optou pelo pseudônimo porque viu nos escritos de Erasmo uma espécie de metonímia dos *specula principis* e em sua conduta pessoal o paradigma da relação entre um letrado conselheiro e um governante.

A HISTÓRIA COMO LEI NATURAL

A peça de abertura das *Novas cartas políticas*, datada em 24 de junho de 1867, traz como matéria discursiva a ameaça de abdicação de D. Pedro II em face das dificuldades nascidas da Guerra do Paraguai. Trata-se, contudo, apenas de um pretexto para esboçar uma pequena teoria da história, sugerir um padrão de dinâmica das crises sociais e perfilar alguns princípios fundamentais de governo, o que, tudo somado, dará corpo ao desenvolvimento das cartas subsequentes. De início, o autor afirma que qualquer fenômeno social já traz, em si mesmo, uma

[9] A obra de Erasmo não se destaca por uma eventual singularidade. Sua relevância provém, antes, do fato de ter sistematizado em estilo digno de imitação as tópicas principais do gênero. Realmente, até a morte do autor, em 1536, seu manual teve pelo menos dez reedições impressas, estimulando a reprodução dessa literatura em publicações semelhantes por toda a Europa.

força que o robustece, leva-o adiante e, então, o aniquila. Para tanto, usa a metáfora, corrente no século XIX, do ciclo natural da planta. Nesse modelo, a cadeia dos eventos históricos se assemelha à sucessão do "gérmen que rompe a semente; efeito que elimina a causa", num processo inteiramente submetido a uma "dura lei, mas natural". O caso particular que permitia a generalização teórica era a vida de D. Pedro I. O monarca teria inscrito na pedra sua abdicação no justo momento em que fundou o Império do Brasil — isso porque a nação, efeito necessário do ato de D. Pedro, entraria em rota de choque com o velho espírito português do Imperador, à medida que aflorasse sua inevitável nacionalidade. Criada pelo herdeiro da casa de Bragança, tratou de suprimi-lo em seguida. Foi o broto que abriu à força a semente.

Daí decorre outro princípio. Se as manifestações históricas sofrem um processo natural de maturação, desenvolvimento e descarte — como o curso biológico semente-planta —, então elas apresentam uma finalidade, uma missão mesmo, que não pode ser interrompida antes do tempo. De volta aos casos particulares, o autor nos ensina que a abdicação de D. Pedro I, em 1831, foi um ato louvável, porque o Imperador já tinha criado o Brasil e, renegando a Coroa, poupou desgaste com a nação. Subentende-se que, tivesse o príncipe regente desistido da herança antes da Independência, seu ato seria reprovável. Nesse quadro conceitual, os eventos históricos não se apresentam como portadores de sentido absoluto; o que os torna virtuosos ou reprováveis é o fato de terem ou não cumprido sua missão. O mesmo acontecimento — abrir mão da Coroa, por exemplo — será objeto de elogio ou de reproche, conforme a realização de sua finalidade originária. Esse, e apenas esse, é o prisma moral por que os conselheiros e os governantes podem e devem julgar homens e instituições na história.

O apanhado teórico sobre a dinâmica das crises sociais é mais sutil, apreensível apenas na análise do campo semântico dos vocábulos que o autor emprega. A primeira carta repreende D. Pedro II por ter aventado a abdicação no final de 1866, quando julgou inaceitável a proposta de alguns estadistas para a suspensão da Guerra do Paraguai. Conforme Alencar, as palavras da Coroa, quase discretas, constituíram uma "voz funesta" que passou, em gradação crescente, de sussurro para verbo e, depois, para eco perturbador no seio das instituições políticas do país. Sem hesitar, o autor a timbrou de "prenhe de calamidades". Como se percebe, o vocábulo "prenhe" designa processo de gestação, que por sua vez sugere um decurso que, não visível nem perceptível no início, trará inevitavelmente algo novo ao mundo em algum ponto do futuro; ele só para se for abortado. Isso significa que apenas uma ação (o aborto) remedeia uma incidência suscitada por uma voz, um verbo. O pressuposto do autor, que irá estruturar a argumentação ulterior sobre a escravidão, está em que uma crise é facilmente deflagrada (basta mencioná-la, ventilá-la), mas apenas custosamente controlada (é necessária uma execução firme e decisiva). No particular, essas ideias se aplicarão ao fato de D. Pedro II ter respondido ao *Comité Français* e ter inserido a questão da emancipação na *Fala do Trono*. São palavras, mas não meras palavras. Detonam processos revolucionários dificilmente passíveis de interrupção.

ESCRAVIDÃO E PROGRESSO HUMANO

Pode-se dizer que a primeira missiva tem por função teórica fornecer o quadro conceitual adequado para a análise da escravidão, assunto central da segunda, terceira e quarta peça. No campo da História, Alencar diz que a instituição, igual às demais manifestações do passado, carrega uma finalidade imanente a ser atingida: favorecer o progresso do homem. Segundo o autor, quando o ser humano é colocado no mundo pela primeira vez para viver no estado natural, irrompe nele um sentimento intrínseco de aperfeiçoar-se, que o impele ao domínio do mundo físico, ao melhoramento material e à elevação moral. Essa regra — expressa no vocábulo *necessidade* — se prende à natureza humana; logo, é imutável e como que está fora da história. Em qualquer lugar, em qualquer circunstância, em qualquer idade ou era, o homem, arrebatado pela *necessidade*, busca o aperfeiçoamento. Inserido nas contingências da história, porém, ele realiza seu inescapável destino mediante os instrumentos de que dispõe *ad hoc*. É em tal ponto dessa pequena teoria do desenvolvimento social que entra a escravidão:

> No seio da barbaria, o homem, em luta contra a natureza, sente a necessidade de multiplicar suas forças. O único instrumento ao alcance é o próprio homem, seu semelhante; apropria-se dele ou pelo direito da geração ou pelo direito da conquista. Aí está o gérmen rude e informe da família, agregado dos fâmulos, *coetus servorum* [reunião de servos]. O mais antigo documento histórico, o Gênesis, nos mostra o homem filiando-se à família estranha pelo cativeiro (p. 65).

Isolado nos ermos do estado natural, o homem não teria arriscado o primeiro passo rumo à vida comunitária e à cultura senão pela escravização. No estágio seguinte, as famílias recém-formadas se unem para compor as *gentes*, cuja reprodução no tempo e expansão no espaço seriam tolhidas por conflitos violentos e guerras contínuas que fariam umas às outras. Entretanto, explica Alencar, a ação benéfica do cativeiro poupou milhares de vidas. "Se a escravidão não fosse inventada", escreve o nosso Erasmo, "a marcha da humanidade seria impossível." Para explicá-lo, o autor lembra que, nas leis antigas, o vencedor na guerra adquiria o direito de matar seus adversários, mas, numa espécie de ato benevolente, ele também podia comutar a pena capital em trabalho forçado perpétuo:

> Em princípio, reduzida a pequenas proporções, tribo apenas, é pelo cativeiro ainda que a sociedade se desenvolve, absorvendo e assimilando as tribos mais fracas. [...] Desde que o interesse próprio de possuir o vencido não coibisse a fúria do vencedor, ele havia de imolar a vítima. Significara, portanto, a vitória na Antiguidade uma hecatombe; a conquista de um país, o extermínio da população indígena (p. 66).

Como se percebe, Alencar introduz agora o segundo princípio de sua teoria social: o *interesse próprio*. Se a *necessidade* deflagrara a marcha do progresso, o *interesse próprio* é que a racionalizava. Com base nesses dois conceitos — pertencentes às linguagens modernas da teoria política e da ciência econômica —, o autor passa então a decifrar a causa das desigualdades entre os povos. Graças à escravidão, afirma ele, o Oriente (a Ásia, mas também a África) tinha conservado a vida dos prisioneiros de guerra, acumulando contingente humano para preencher seus vastos territórios, a despeito do solo estéril e do clima abrasador. Totalmente distinto era o caso da América. Em que pese a natureza propícia e acolhedora, era quase despovoada antes dos descobrimentos, pois os índios, amantes que eram da liberdade, não sofriam o cativeiro. Imolavam os homens capturados em combate e consumiam, irracionalmente, seu próprio capital humano.

Em síntese, a primeira missão histórica do cativeiro se

traduziu em retirar o homem do estado bruto da natureza. "O cativeiro foi o embrião da sociedade", conclui Alencar, "o embrião da família no direito civil; o embrião do estado no direito público". Daí a constatação realmente forte de que, à experiência de escravizar e ser escravizado, "não escapou ainda uma só família humana". Nesse modelo, o papel histórico do cativeiro ainda se perpetuaria por longos séculos na história, sempre para "reparar uma solução de continuidade [evolutiva] entre os povos". Na Antiguidade, as comunidades recém-aculturadas que atingiam o apogeu da civilização se tornavam, imediatamente, um foco de concentração de escravos:

> Desde as origens do mundo, o país centro de uma esplêndida civilização é, no seu apogeu, um mercado, na sua decadência, um produtor de escravos. O Oriente abasteceu de cativos a Grécia. Nessa terra augusta da liberdade, nas ágoras de Atenas, se proveram desse traste os orgulhosos patrícios de Roma. Por sua vez, o cidadão rei, o *civis romanus*, foi escravo dos godos e dos hunos (p. 66).

Posteriormente, o cristianismo moderou as relações sociais europeias e, num gradualíssimo processo que durou mil anos, fez o cativeiro declinar na Idade Média em favor da servidão. Nos tempos modernos, porém, o descobrimento da América exigiu um esforço épico, sobre-humano, dos colonizadores para efetuar o cultivo do solo e o transplante de civilização, isto é, reencenar o domínio da natureza e o progresso moral que a humanidade enfrentara no início dos tempos. Os únicos recursos humanos então disponíveis pareciam residir nos nativos americanos e nos negros, mas apenas aos últimos cabia a execução da grandiosa obra. Para justificar a travessia dos africanos, Alencar emprega o argumento da "degeneração indígena", que viajantes europeus como Alexander von Humboldt consolidaram no início do século XIX.

De acordo com esse lugar-comum, os povos indígenas tinham sofrido um intenso processo de decadência da vida cultural e material desde que entraram em contato com os brancos. O próprio Karl von Martius afirmou em "Como se deve escrever a História do Brasil", publicado numa edição de 1845 da *Revista trimensal do Instituto Histórico e Geográfico Brasileiro* e muito conhecido dos contemporâneos, que os nativos viviam em "dissolução moral e civil", de forma que "neles não reconhecemos senão ruínas de povos".[10] Na frase de Alencar, que ecoa a sentença "a África civiliza a América", de Bernardo Pereira de Vasconcelos, um dos líderes do Partido Conservador, o argumento aparece intimamente articulado com a defesa do cativeiro negro:

> Se a raça americana suportasse a escravidão, o tráfico não passara de acidente e efêmero. Mas, por uma lei misteriosa, essa grande família humana estava fatalmente condenada a desaparecer da face da terra, e não havia para encher esse vácuo senão a raça africana. [...] Sem a escravidão africana e o tráfico que a realizou, a América seria ainda hoje um vasto deserto. A maior revolução do universo depois do dilúvio fora apenas uma descoberta geográfica, sem imediata importância. Decerto não existiriam as duas grandes potências do novo mundo, os Estados Unidos e o Brasil. A brilhante civilização americana, sucessora da velha civilização europeia, estaria por nascer (p. 68).

[10]Cf. reedição de "Como se deve escrever a História do Brasil" na *Revista trimensal de História e Geographia ou Jornal do Instituto Histórico e Geographico Brasileiro*. Rio de Janeiro: Typ. de João Ignacio da Silva, 1865, pp. 389–411. O argumento da degenerescência indígena após o Descobrimento foi analisado em GIBSON, Charles. "Indian societies under Spanish rule". In *The Cambridge History of Latin América*, vol. II. Cambridge: Press Syndicate of the University of Cambridge, 1984, pp. 381–422.

A essa altura, o leitor se perguntará se o cativeiro já não teria cumprido seu destino no Brasil. A resposta de Alencar é categórica: "Nego, senhor, e o nego com a consciência do homem justo que venera a liberdade". As causas da proposição ocupam, *grosso modo*, a terceira e a quarta carta e podem ser classificadas em quatro tipos de argumentos: o cultural, o político-social, o econômico e o identitário.

Cultura e raça No plano cultural, o autor escreve que nos tempos modernos, ao contrário da Antiguidade, os povos bárbaros não conquistam mais os instruídos. Agora, a civilização vindiça corre os braços às regiões atrasadas e, por meio da escravização, moraliza seus habitantes. O cativo antigo, sendo antes vetor de sabedoria acumulada (do Oriente para a Grécia, da Grécia para Roma, de Roma para os germânicos), se torna aprendiz bárbaro do progresso humano. "O escravo deve ser, então, o homem selvagem que se instrui e moraliza pelo trabalho. Eu o considero nesse período como o neófito da civilização (p. 67)." O problema era que essa escola da moral ainda não tinha tido tempo de frutificar no espírito dos africanos, como o operara em outros povos. "A raça africana tem apenas três séculos e meio de cativeiro. Qual foi a raça europeia que fez nesse prazo curto a sua educação? (p. 90)"

Revela notar que o autor — à maneira da maioria dos estadistas brasileiros do XIX — não emprega a noção de limitações hereditárias insuperáveis, argumento do racismo científico, para justificar a escravidão negra no Brasil. O próprio vocábulo raça, que reincide no texto, se refere imprecisamente a agrupamentos humanos, definidos ora conforme a nacionalidade e a geografia, ora conforme a cultura, a cor de pele e as convicções morais. É esse conceito elástico de raça que permite conceber a escravidão como instituição aplicável a todos os povos (e não só aos negros) e, nos tempos modernos, como estágio social propedêutico, em que o povo dominado se prepara para o exercício competente da liberdade futura. Veja-se o trecho que melhor o ilustra:

> Se houvesse uma raça infeliz, capaz de permanecer eternamente na escravidão pelo fato de não consentir a outra em emancipá-la; então seria um princípio social aquele absurdo outrora sustentado, da fatalidade da instituição e desigualdade das castas. Não há porém contestar, todo povo, toda família humana, acaba cedo ou tarde por conquistar a liberdade, como a ave implume por devassar o espaço (p. 88).

Esse juízo leva o autor a censurar os Estados Unidos, onde as taxas de manumissão eram baixíssimas e a ideologia senhorial previa o cativeiro perpétuo dos negros, considerados biologicamente incapazes de autogoverno. Em uma comparação entre o sistema de trabalho forçado norte-americano e o brasileiro, procedimento comum em obras pró-escravistas, extrai a conclusão de que as "atrocidades ali cometidas contra os escravos" e "os prejuízos [preconceitos] selvagens de raça" distorciam a função histórica do cativeiro. Infelizmente, continua ele, o exemplo americano produzia um odioso irreparável que afetava a imagem da escravidão no Brasil, qualitativamente superior.

Questão político-social No próximo passo, o escritor recorre ao que se pode chamar de *paternalismo liberal*, isto é, a união conceitual de uma prática socialmente disseminada (alforria) e de direitos constitucionalmente garantidos (cidadania). Essa argumentação é introduzida quando Alencar procura rebater o lugar-comum, muito reiterado em discursos antiescravistas, de que a inexpressiva reprodução vegetativa dos cativos patenteava a violência do sistema contra a vida. Para fazê-lo, recupera a surpreendente expansão numérica da escravidão nos Estados Unidos, tomados agora como exemplo positivo, durante o século XIX. "Em 1790, a existência era de 693.397", diz ele. Em 1820, o número saltou para 1.536.127 e, em 1850, para 3.178.055. "Onde se viu uma espantosa reprodução da espécie humana?" A comparação com a república não era arbitrária. Chefes do Partido Conservador e deputados correligionários, como Carneiro Leão (marquês de Paraná), Araújo Lima (visconde de Olinda) e Raimundo Ferreira, também já tinham evocado o modelo norte-americano para sugerir a longevidade e a força do cativeiro na ausência do tráfico.[11]

Nas *Novas cartas políticas*, os mesmos números servem para aduzir a humanidade da escravidão. Quando o autor, contudo, é levado a reconhecer que aquelas taxas de reprodução não ocorriam no Brasil, acaba por atribuí-lo não à fúria discricionária do sistema, senão, mas, à frequente concessão de alforrias, expressão da benevolência senhorial brasileira (*paternalismo*). Vale notar que a historiografia, mais ou menos herdeira do discurso abolicionista, sempre lançou o incremento vegetativo insatisfatório dos plantéis brasileiros à conta da superexploração do trabalho. Sem negá-lo, deve-se entrever o papel das alforrias nessa dinâmica como fator realmente decisivo, a despeito do uso ideológico que se podia tirar disso, como o faz Alencar:

[11]Cf., por exemplo, *Anais do Senado*. Brasília: Senado Federal, 1979, 27 de maio de 1851, p. 388; 28 de maio de 1851, p. 404; 31 de julho de 1854, p. 723; *Anais do Parlamento Brasileiro — Câmara dos Srs. Deputados* [coligidos por Antonio Pereira Pinto]. Rio de Janeiro: Typographia do Imperial Instituto Artístico, 1874, 13 de agosto de 1856, pp. 157–160.

O primeiro direito da pessoa, a propriedade, o escravo brasileiro não só o tem, como o exerce. Permite-lhe o senhor a aquisição do pecúlio, a exploração das pequenas indústrias ao nível da sua capacidade. Com esse produto de seu trabalho e economia, rime-se ele do cativeiro: emancipa-se e entra na sociedade. Aí, nenhum prejuízo de casta detrai seu impulso: um espírito franco e liberal o acolhe e estimula. [...] Tranquilizem-se os filantropos; a escravidão no Brasil não esteriliza a raça nem a dizima. A redução provém desses escoamentos naturais, que se operam pela generosidade do senhor, pela liberdade do ventre e também pela remissão (p. 97).

A assertiva "emancipa-se e entra na sociedade" adita ao *paternalismo* (evento social) uma dimensão essencialmente política. Desde os primeiros debates parlamentares (1827) sobre o tratado anglo-brasileiro que previa a supressão do tráfico negreiro até o *Ensaio crítico* (1861), de A. D. Pascual, passando-se por inúmeros discursos do partido a que Alencar pertencia, os defensores do sistema escravista recuperavam o artigo VI da Constituição de 1824.[12] O dispositivo concedia ao cativo alforriado que fosse nascido no Brasil o título de cidadão, permitindo a participação até mesmo no primeiro grau das eleições, que eram indiretas. O filho do cativo, por sua vez, desfrutava cidadania plena como qualquer branco, estando sujeito apenas a restrições censitárias, cujos critérios não distinguiam cor de pele — daí as palavras do autor, "um espírito franco e liberal o acolhe e estimula".[13] Assim, entendia-se que o sistema escravista brasileiro favorecia

[12]Para um estudo de caso da década de 1830, cf. Rafael Marquese e Tâmis Parron. "Azeredo Coutinho, Visconde de Araruama e a *Memória sobre o comércio dos escravos* de 1838". In *Revista de História*. Universidade de São Paulo, n. 152, (1º/2005), pp. 99–126; ver também o artigo de Márcia Berbel e Rafael Marquese. "La esclavitud en las experiencias constitucionales ibéricas, 1810–1824". In Ivana Frasquet (org.). *Bastillas, cetros y blasones. La independencia en Iberoamérica*. Madrid: Fundación Mapfre-Instituto de Cultura, 2006, pp. 347–374.

[13]Cf. *Constituição política do Império do Brasil*, Título 2º, Artigo 6, Pará-

direitos inalienáveis do homem (como a propriedade, o casamento e a alforria) por meio de costumes sociais (*paternalismo*) e regulava a inscrição paulatina dos escravos na cidadania por meio da Constituição (donde o qualificativo *liberal*). Não havia exemplo de sociedade escravista na América, argumentavam eles, mais integrada do que a imperial. Qualquer medida que precipitasse o processo de reinserção dos cativos afro-descendentes na vida civil provocaria grandes abalos sociais.

Economia O autor também dá à escravidão a missão de garantir o equilíbrio macroeconômico das riquezas nacionais e dos cofres públicos. Novamente, ecoa as palavras que Bernardo Pereira de Vasconcelos proferira na década de 1840. De acordo com o grande chefe conservador, todos os Estados da América que tinham prescindido do trabalho escravo sofreram um processo de involução econômica, social e política. José de Alencar passa em revista essas experiências de emancipação para advertir contra os males, muito superiores aos benefícios, resultantes de cada uma delas. Em seguida, compara o "convulso" destino das repúblicas da América hispânica com a estabilidade institucional do Império do Brasil. Graças à escravidão, apenas este honrava dívidas contraídas no exterior e assegurava ao futuro "uma pátria nobre e digna".

Identidade nacional Finalmente, é possível identificar uma espécie de quarto papel histórico do cativeiro: contribuir para a formação da identidade nacional brasileira. Como se sabe, letrados e políticos do século XIX — entre os quais José Bonifácio e Frederico L. C. Burlamaque —

grafo I. In Adriano Campanhole e Hilton Lobo Campanhole. *Constituições do Brasil*. São Paulo: Atlas, 1989, pp. 749 e ss.

repudiavam o trabalho forçado por considerá-lo um entrave à formação de um povo único sob o ponto de vista étnico e civil, isto é, homogêneo na aparência e unido na universalidade do direito. Lamentavam que o tráfico de africanos aportasse elementos exógenos e que a escravidão obstasse à absorção dos negros no tecido social. Por outro lado, estadistas a favor da instituição recorriam ao diploma de 1824 para mostrar que ela abastecia o Brasil, mediante a alforria, de novos cidadãos. Num passo adiante da polêmica, Alencar glorifica a densidade cultural originária da mistura dos povos, atribuindo sua possibilidade ao comércio negreiro e sua realização gradual à escravidão:

> Cumpre ser justo e considerar este fato [tráfico e cativeiro] como a consequência de uma lei providencial da humanidade, o cruzamento das raças, que lhe restitui parte do primitivo vigor. Bem dizia o ilustre Humboldt, fazendo o inventário das várias línguas ou famílias transportadas à América e confundidas com a indígena: "Aí está inscrito o futuro do novo mundo!"
>
> Verdade profética! A próxima civilização do universo será americana como a atual é europeia. Essa transfusão de todas as famílias humanas no solo virgem deste continente ficara incompleta se faltasse o sangue africano (p. 73).

LITERATURA, POLÍTICA E ESCRAVIDÃO

É provável que essa seja a única defesa da escravidão, em toda a América do século XIX, baseada na mistura cultural dos povos; e talvez seja possível compreendê-la à luz da própria produção artística do autor. Anos antes, Alencar já tinha transfigurado o universo dos escravos em objeto de imitação artística, nas peças teatrais *O demônio familiar* (1857) e *Mãe* (1860). Nelas chegou a empregar uma série de expedientes estéticos que imitavam, em chave literária, a fala dos cativos. A personagem

Pedro, por exemplo, de *O demônio familiar*, comete solecismos ("Sr. moço não vai visitar ela"), comunica-se por onomatopeias ("o chicote estalou: tá, tá, tá; cavalo: toc, toc; carro, trrr!") e inventa metáforas rústicas (comendadores usam, não brasões, mas "pão-de-rala no peito"). Não que o escritor retratasse o perfil linguístico ao natural; de fato, jornais e charges satíricas já vinham estabelecendo uma espécie de convenção caricata da prosódia popular. Alencar deve ter aproveitado o material dessa codificação para compor falas que obedecessem ao preceito da coloquialidade, tal como o exigia o gênero dramático em que suas peças se inseriam, a *Comédia Realista*. Trata-se de uma imitação artística por excelência.[14]

Na mesma época, o escritor vinha desenvolvendo um projeto literário ousado e *sui generis*, cuja plenitude alcançou em *Iracema* (1865), romance máximo do indianismo no Segundo Reinado. Tanto no corpo da obra como no posfácio de 1865, Alencar sustentou a ideia de que a cultura indígena não apenas era fonte inexaurível de temas para poetas e romancistas, como se observara até ali, mas também dava à língua e à literatura do Brasil modalidades de elocução que as distinguiam do português falado e escrito na Europa. Com efeito, o emprego econômico do pronome reflexivo, a preferência por breves orações coordenadas, a eufonia bem dosada dos enunciados e, sobretudo, a reinvenção de figuras e tropos na perspectiva

[14]Cf. José de Alencar. *O demônio familiar — comédia em quatro atos*. Org. por João Roberto Faria. Campinas: Ed. da Unicamp, 2003, pp. 65, Ato I, cenas VI, VII e VIII. Sobre a linguagem popular na imprensa e na literatura do XIX, cf. Tânia Maria Alkmim, "A variedade linguística de negros e escravos: um tópico da história do português no Brasil". In Rosa Virgínia Mattos e Silva (org.). *Para a história do português brasileiro*. São Paulo: Humanitas/Fapesp, 2002, t. II, pp. 317–335.

do nativo, tudo isso se protrai em *Iracema* como índice de uma nova linguagem literária localmente condicionada.

Após a Guerra Civil nos EUA, porém, à medida que o assunto da escravidão penetrou com força a esfera pública, Alencar estendeu às falas dos negros sua teoria da literatura nacional. No posfácio à segunda edição de *Iracema*, de 1870, escreveu:

> Em Portugal, o estrangeiro perdido no meio de uma população condensada pouca influência exerce sobre os costumes do povo; no Brasil, ao contrário, estrangeiro é um veículo de novas ideias e um elemento da civilização nacional.
>
> Os operários da transformação de nossas línguas são esses representantes de tantas raças, desde a saxônia até a africana, que fazem neste solo exuberante amálgama do sangue, das tradições e das línguas.[15]

No começo de 1871, ano em que se debateu a lei de emancipação do ventre escravo, Alencar publicou o romance *O tronco do ipê*, elegendo uma fazenda fluminense como cenário para a fábula. Entre um episódio e outro, o narrador justificou a imitação literária da fala dos escravos — vale notar que o fez num contexto em que a crítica ao cativeiro mencionava, entre outras coisas, a corrupção do português provocada por negros: "A linguagem dos pretos, como das crianças", diz ele, "oferece uma anomalia muito frequente. É a variação constante da pessoa em que fala o verbo; passam com extrema facilidade do *ele* ao *tu*. Se corrigíssemos essa irregularidade, apagaríamos um dos tons mais vivos e originais dessa frase singela".[16] Como se vê, aos poucos se tornava nítida a elevação da

[15]Cf. José de Alencar, "Pós-escrito (à segunda edição)". In *Iracema*. Org. por Tâmis Parron. São Paulo: Hedra, 2006, p. 181.

[16]Cf. José de Alencar. *O tronco do ipê*. In *Obra completa*, v. IV, p. 647. A símile entre o escravo e a criança é lugar-comum de longuíssima data, em sociedades escravistas. No caso específico dos textos de Alencar, ela reforça

fala do negro à condição de matéria poética para conferir à literatura brasileira singularidade nacional. Esse é o ponto de chegada de dois projetos originalmente estéticos — a imitação da fala dos negros a serviço da *Comédia Realista* e a inovadora busca de uma literatura com elocução própria — que, gradualmente, também tiveram por propósito a defesa política do sistema escravista. Nesse sentido, a bela e repetida antítese de José Veríssimo sobre o romancista — "revolucionário em letras, conservador em política" — parece antes uma falsa oposição. No problema do cativeiro, as letras revolucionárias serviram perfeitamente à tribuna conservadora.[17]

Para o autor das *Novas cartas políticas* — e, de certa forma, para os saquaremas, núcleo duro do Partido Conservador —, o sistema escravista no Brasil tinha a missão histórica de impulsionar a economia, garantir a estabilidade social, aperfeiçoar a civilização nos escravos e, final-

a hipótese de que o cativeiro é uma fase (como a infância) propedêutica e educativa.

[17]Cf. José Veríssimo. *História da literatura brasileira: de Bento Teixeira (1601) a Machado de Assis (1908)*. Rio de Janeiro: Francisco Alves, 1916, p. 270. Parafraseando o crítico, José Honório Rodrigues disse que o escritor era "vanguarda na literatura e retaguarda na política". Cf. J. H. Rodrigues. "A lei do Ventre Livre — primeiro centenário". In *Carta Mensal* da Confederação Nacional do Comércio, n. 204, 1972, p. 9. Gilberto Freyre inverteu o segundo termo da definição de Veríssimo, qualificando Alencar equivocadamente de "crítico social". Revela notar que a interpretação escravista do Brasil feita por Alencar parece ter informado o modelo sociológico de Freyre. Cf. Gilberto Freyre, "José de Alencar, renovador das letras e crítico social". In J. de Alencar. *O tronco do ipê*. Rio de Janeiro: José Olympio, 1955, pp. 11–32. Para uma análise integrada da literatura e da escravidão que supera as precedentes, vide Hebe C. da Silva. *Imagens da escravidão — uma leitura de escritos políticos e ficcionais de José de Alencar*. Dissertação de mestrado. Campinas: Depto. de Teoria e História Literária/IEL/Unicamp, 2004. Cf. tb. Ricardo M. Rizzo. *Entre deliberação e hierarquia: uma leitura da teoria política de José de Alencar (1829–1877)*. Dissertação de mestrado. São Paulo: Depto. de Ciências Políticas/FFLCH/USP, 2007.

mente, enriquecer a identidade nacional. Como toda manifestação do passado, a instituição só se tornaria imoral se fosse perpetuada para além da realização de suas finalidades intrínsecas. O modelo histórico implícito na análise de Alencar é o da transição do Império Romano para a Idade Média, quando os costumes sociais substituíram gradualmente o sistema escravista por um outro regime de trabalho, sem o concurso de leis que o extinguissem de um só golpe. Na última de suas cartas, o autor ainda sugere que a transição se daria naturalmente em torno de vinte anos, à medida que a imigração preenchesse os vazios do território brasileiro. O leitor deve perceber, entretanto, que o prazo não passa de um expediente retórico para coibir a abertura do processo legislativo de emancipação. Afinal, sabe-se que, mesmo com o auxílio das leis, ele duraria mais que duas intermináveis décadas.

UM ESPELHO PARA D. PEDRO II

O leitor poderá perguntar se D. Pedro II obtinha amparo legal para interferir tão profundamente no Legislativo e no Executivo, induzindo-os à reforma do sistema escravista. A resposta à questão não é nada óbvia nem para o historiador de hoje nem para os agentes da época. Sabe-se apenas que a Constituição de 1824 dotava o imperante de muitas faculdades, como convocar ministérios, dissolver a Câmara dos Deputados, nomear senador um dos três candidatos mais votados de uma província etc. Era o conhecido Poder Moderador. No entanto, não estava claro se D. Pedro II podia ser condenado na imprensa e no Parlamento por alguma decisão tida por equivocada. Todos os estadistas reconheciam, por exemplo, que um ministro inepto podia ser moral e legalmente julgado em processos que, teoricamente, podiam alijá-lo do poder.

Mas, e o Imperador? Podia-se incriminá-lo por via legal? Não, a Carta proibia isso, o que significaria deposição. Era possível, então, condená-lo apenas no plano moral? Aí é que não havia consenso.

Entre 1860 e 1862, sugiram três soluções para o problema. A primeira, formulada por liberais extremados, preconizava a reforma da Constituição e a abolição pura e simples do Poder Moderador. Outra, teorizada pelo líder do Partido Progressista, Zacarias de Góis e Vasconcelos, sugeria que o Parlamento e a imprensa podiam acusar o Imperador no plano moral, para fazê-lo ver seu próprio erro e evitar reincidência no equívoco.[18] Em resposta a essas duas proposições, o Partido Conservador sustentou a absoluta inviolabilidade moral do monarca em todas as suas atribuições. Os líderes da agremiação reafirmaram categoricamente nas câmaras, em jornais e em livros que a responsabilidade política do governo devia recair apenas sobre o Ministério e sobre o Conselho de Estado, pois ambos podiam dialogar com o Imperador e dissuadi-lo de opiniões com que não concordassem. Num eventual impasse, ministros e conselheiros tinham toda a liberdade para pedir demissão, retirando o apoio ao monarca. Caso não o fizessem, era sinal de que concordavam com D. Pedro II e, dessa maneira, deviam assumir toda a responsabilidade.[19]

Contudo, a abertura da crise mundial da escravidão

[18]Ver Silvana Mota Barbosa, "'Panfletos vendidos como canela': anotações em torno do debate politico nos anos 1860". In J. Murilo de Carvalho (org.). *Nação e cidadania no Brasil — novos horizontes.* Rio de Janeiro: Civilização Brasileira, 2007, pp. 155–183.

[19]Vide Visconde do Uruguay. *Ensaio sobre o direito administrativo.* Rio de Janeiro: Typ. Nacional, 1862, 2 vols., vol. II, pp. 95–102. Vide também falas de Paulino de Souza em ACD, 6 de julho de 1860, pp. 61–68; de Saião Lobato, em ACD, 01 de julho de 1861, p. 11; e de José de Alencar, em ACD, 2 de agosto de 1861, p. 38.

(1865), o domínio da Liga Progressista no Parlamento (1863–1868) e a Guerra do Paraguai provocariam uma profunda inflexão na maneira como os pró-homens conservadores entendiam o Poder Moderador. Pela primeira vez na história do Império, a cúpula do partido consentiu oficialmente nas censuras diretas ao monarca. No universo discursivo, percebe-se isso em algumas publicações da época, do que a sequência das cartas de Erasmo é precioso exemplo. A primeira série, de 1865, se limitou a clamar da Coroa mais poder para próceres conservadores no Senado, sem acusá-la de autoritarismo.[20] Já as *Novas cartas políticas* irrogaram expressamente a D. Pedro a intromissão direta, pessoal, abusiva e inepta nos dois assuntos magnos do Império, a Guerra do Paraguai e a escravidão.[21]

Os saquaremas, é verdade, jamais chegaram a exigir reforma constitucional para suprimir as atribuições do Poder Moderador, como o demandavam publicistas radicais. Restringiram-se a condenar moralmente o monarca na imprensa e no Parlamento — por ironia, tratava-se justamente da atitude que recomendara Zacarias, o líder do Partido Progressista tão achincalhado nas *Novas cartas*

[20] Cf. José de Alencar, "Cartas de Erasmo", In *Obra completa*, pp. 1049–1065.

[21] Alguns estudos interpretam as críticas de Alencar às atitudes do monarca como efeito direto do ranço pessoal, que teria nascido quando o Imperador o preteriu na disputa por uma vaga no Senado, em 1870. Ignoram, dessa forma, a crise mundial da escravidão, a relevância do cativeiro para a macropolítica imperial e a posição ideológica dos saquaremas. Cf., por exemplo, Bernardo Ricupero. *O romantismo e a ideia de nação no Brasil (1830–1870)*. São Paulo: Martins Fontes, 2004, p. 187; e Brito Broca, "O drama político de Alencar", in José de Alencar. *Obra completa*, pp. 1044–1045. O lugar-comum nasceu na própria época, entre inimigos políticos, e foi divulgado por Joaquim Nabuco na polêmica que travou com o autor. Vide Afrânio Coutinho. *A polêmica Alencar-Nabuco*. Rio de Janeiro: Tempo Brasileiro, 1965, pp. 189 e ss.

políticas. Nesse sentido, ao usar de um gênero como o dos *espelhos de príncipe*, José de Alencar compôs um quadro normativo de conduta moral, por assim dizer, extraconstitucional, capaz de destacar ações tidas por desviantes, abusivas e autoritárias de D. Pedro II, sem recorrer à hipótese de reformar a constituição para controlá-lo. Suas cartas fornecem um eloquente exemplo de crença na força das instituições liberais (Parlamento e imprensa). Indicam como a escravidão e sua defesa política operaram dentro do paradigma do liberalismo político do século XIX.

Talvez não seja mera coincidência que o primeiro golpe de estado que provocou a abolição de um regime de governo e a revogação de uma constituição no Brasil tenha ocorrido somente um ano após a Lei Áurea (1888). "Não tardará o desengano", prenunciou o autor das *Novas cartas políticas*, "libais agora as delícias da celebridade: breve sentireis o travo da falsa glória". Infelizmente, a profecia parece correta. A escravidão estava tão intrinsecamente ligada ao liberalismo da monarquia brasileira, que era difícil, se não impossível, acabar com uma sem anular o outro. A partir de então, não só os ex-escravos como todos os brasileiros precisaram reinventar-se num longo percurso que mistura interesses de desenvolvimento nacional, lutas por direitos humanos e disputas por poder político. E que está longe, muito longe de acabar.

CARTAS A FAVOR DA ESCRAVIDÃO

Senhor[1]

Não posso mais conter a veemência do sentimento que me assoberba.

Uma voz funesta, que abala até as entranhas; voz prenhe de calamidades, percorre neste momento, não já a cidade, mas o Império.

E fostes vós, senhor, que a lançastes como um anátema ao país?

Em princípio, era um sussurro apenas que se esgueirava na sombra. Agora, já a opinião articulou distintamente esse verbo de revolução; o eco repercutiu no senado brasileiro.

Rompeu-se o véu.

Contudo, vacilo. Apesar da incompreensível coação em que desgraçadamente vos colocastes, não se concebe este estranho desfalecimento da majestade.

Será real que vossos lábios, selados sempre pela reserva e prudência, se abriram para soltar a palavra fatal?

[1] A série *Ao imperador: novas cartas políticas de Erasmo* (Rio de Janeiro: Typ. de Pinheiro e Cia.) consiste em sete missivas dirigidas a D. Pedro II entre junho de 1867 e março de 1868. A segunda, a terceira e a quarta tratam efetivamente da escravidão, assunto central da obra, enquanto a primeira, a quinta e a sexta, mais curtas, analisam as atitudes do Imperador à luz da Guerra do Paraguai. A presente edição recoloca à disposição do leitor todas as peças, à exceção da sétima (denominada "Última carta"), um longo discurso moral sobre a política do Império. Dessa carta, publicada após um grande intervalo de seis meses, foi selecionado apenas o epílogo, que anuncia o fim da campanha epistolar de Erasmo.

É possível que súbita alucinação desvaire a tal ponto um espírito sólido e reto?[2]

Não creio, não posso, não devo crer.

Recebendo a nova incrível, a população ficou atônita. Voz nenhuma elevou-se até o trono para exprimir-lhe o justo e profundo ressentimento do povo brasileiro: o espanto lhe embargara a fala. Porém, que magnitude de eloquência nessa privação da palavra! *Quanta magna est inania verba*,[3] exclamou Cícero, observando o tumultuoso estupor do povo romano.

Escutai, senhor, o intenso respiro da nação: escutai-o antes que venha o estertor.

Rara vez, e só em circunstâncias muito especiais, pode a abdicação tornar-se um ato de civismo admirável. D. Pedro I, vosso augusto pai, logrou um lance destes, que o consagrou herói da paz e da liberdade.[4]

Sua missão estava concluída, havia fundado a monarquia brasileira e criado um povo. A Providência, que o suscitara para a realização desse grande acontecimento,

[2]Referência à ameaça de abdicação de D. Pedro II, em fins de 1866. Depois da pior derrota dos exércitos aliados (Brasil, Argentina e Uruguai) na Guerra do Paraguai, em setembro daquele ano, políticos argentinos e brasileiros aventaram selar a paz com a república vizinha. Na ocasião, o Imperador insinuou que preferia renunciar o trono a suspender a guerra, pois se tratava de "uma paz que nossa honra não permite". Confira Francisco Doratioto. *Maldita Guerra — nova história da guerra do Paraguai*. São Paulo: Cia. das Letras, 2002, pp. 248–252. As *Novas cartas políticas* censuram D. Pedro II por confundir sua honra pessoal com a honra nacional, que não seria maculada por um armistício.

[3]Sentença provavelmente extraída de *Cours de littérature française*, do crítico e escritor Abel-François Villemain, que atribuiu ao orador romano a expressão *Quam magna et inania verborum* ("tão grande e vazia de palavras"). Assim teria Cícero definido Roma no início dos tempos, grande nos feitos, vazia na arte oratória. Cf. Villemain. *Cours de littérature française — tableau de la littérature au XVIIIe siècle*. Paris: Didier Libraire-Editeur, 1851, v. IV, p. 37.

[4]Alusão à abdicação de D. Pedro I, em 07 de abril de 1831.

não permitiu que pusesse o remate a sua obra, educando a nação, filha sua.

Era estrangeiro. Esta nacionalidade ardente e impetuosa que exuberava do nascente império o rechaçou a ele, seu fundador, e mais vigorosamente que a nenhum outro. Dura lei, mas natural; gérmen que rompe a semente; efeito que elimina a causa.

Quando o ciúme de origem atingiu à sua maior intensidade, D. Pedro I, português de nascimento, deixou de ser um monarca, para tornar-se um obstáculo, uma anomalia. A mais veemente das paixões populares, o patriotismo, sublevou-se contra o princípio estrangeiro encarnado na sua pessoa.

Reconhecer a fatalidade da revolução, render justiça aos sentimentos naturais, embora exagerados, de um povo e submeter-se singela e nobremente, sem pesar como sem ostentação, aos desígnios da Providência: são atos de heroísmo e dignidade que a posteridade aplaude.

Esta situação não é a do Sr. D. Pedro II, felizmente para o Brasil. Americano, como seu povo, com ele nascido neste solo abençoado, cresceram ambos ao influxo das mesmas crenças e das mesmas ideias. Não existe, pois, neste reinado o gérmen das invencíveis repulsões que operam em divórcio entre o monarca e a nação.

Em tais condições, longe de ser um ato meritório e uma sublime virtude, a abdicação transforma-se em crime de lesa-nação. É um grande perjúrio pelo qual respondem os reis ante Deus no tribunal augusto da posteridade.

Esta linguagem será nimiamente[5] severa, e talvez imprópria de um súdito que se dirige ao soberano. Mas, senhor, quando o monarca chega a falir daquela majestade

[5]*Nímio*: excessivo.

inviolável de que o revestiu a vontade nacional, o cidadão, agravado no seu direito, oprimido em suas crenças, é um remorso vivo, que se ergue perante a régia consciência.

II

Penetremos, senhor, nos seios de vossa alma; não há nela, estou certo, coisa que se tema de afrontar a publicidade. Meditemos ambos com serenidade as ideias que porventura levaram vosso espírito reto a este desvio incompreensível.

É acaso a guerra, e seu desfecho incerto, o motivo da vossa deplorável intenção?

Figuro uma conjectura.

O pensamento inicial da política externa que nos arremessou de chofre à campanha de Montevidéu e logo após, fatalmente, à luta porfiada contra o Paraguai; o gérmen desta vasta complicação que envolve o país foi por vós lançado na marcha do governo.

Não basta. Depois de encetadas as operações militares, quando a guerra se patenteou às vistas menos entendidas em toda a enormidade do sacrifício; a vós unicamente se deve a temeridade com que nos precipitamos, sem refletir, em uma situação irremissível; dilema cruel entre a ruína e a vergonha.

Em uma palavra, fostes o princípio e sois a alma da guerra. Vosso pensamento a inspirou; vossa convicção a alimenta; as forças vivas de vossa personalidade, todas estão concentradas nessa aspiração grande, imensa, única, da vitória: e a vitória significa Humaitá[6] arrasado, Lopes[7] deposto, franca a navegação ribeirinha.

[6]Principal fortaleza do Paraguai, cuja destruição a Tríplice Aliança (Brasil, Argentina e Uruguai) acertara em protocolo de 1865.

[7]Francisco Solano Lopes, presidente da República do Paraguai (1862–1870). Nos termos do tratado da Tríplice Aliança, de 1º de maio de 1865, sua deposição era requisito prévio para a paz entre os beligerantes.

Admito todas estas suposições, que vos apresentam como inteiramente identificado com a guerra. Que razão maior resulta, porém, desse concurso de circunstâncias, para converter o diadema estrelado de que a nação brasileira cingiu vossa fronte em coroa de espinhos?

Julgo compreendê-la.

As reservas da paz e também os recursos ordinários estão há muito esgotados pelas despesas exorbitantes. A população, não afeita às lides guerreiras, se esquivará porventura de fornecer novos e maiores subsídios de sangue; especialmente para uma luta avara das glórias e nobres entusiasmos, que somente compensam estes sacrifícios cruentos.

É possível, portanto, que em um momento de cansaço e prostração, o império exausto, não da seiva, que é opulenta, mas das forças, que se relaxam; é possível que deseje pôr um termo à luta e assim o ordene.

Semelhante possibilidade não há brasileiro que a não repila com veemência, quando entra no seu coração e tempera-se ao calor de um santo patriotismo. Mas também raro cidadão cordato alonga os olhos pelos foscos horizontes desta guerra desastrosa que não sinta escurecer-lhe a vista e vacilar o espírito.

Então, esmorecido por esta vertigem, o mais heroico e brioso sente o horror do vácuo. Nada espera, nada pode. Sua razão, perturbada pela imensidade da crise, se recusa ao trabalho da meditação. Ele sente, enfim, que nenhum homem tem o direito de arrastar sua mãe pátria à ruína, para vã satisfação de seus brios revoltados.

Vozes já se ouviram neste sentido. São o balbuciar da opinião, infantil ainda, para exprimir a vontade nacional. Olhos de longo alcance se dilataram pelo futuro e volveram espavoridos de sua medonha vacuidade. Daí as manifestações tímidas pela paz, insinuadas a espaços no espírito público.

Assegura-se que esta perspectiva de um desfecho à luta, antes de realizados vossos nobres desígnios, vos sobressalta. Vedes nessa paz não consagrada pela vitória esplêndida uma falência da honra nacional, página maculada para a história brasileira. Repelis, portanto, a solidariedade deste ato; não quereis rubricar com o vosso nome o que julgais seria o triste documento de nossa vergonha.

III

Estes sentimentos, cuja exaltação não discuto agora, são próprios de um caráter nobre e generoso. Mas, senhor, esquecestes uma coisa que deve sempre estar presente e viva na consciência dos reis.[8]

Vós, monarca, cingido pelo esplendor da majestade, vós, o primeiro no estado, não tendes o direito que reside no ínfimo dos cidadãos, no mísero proletário, como no vagabundo coberto de andrajos. Não sois uma pessoa; não tendes uma individualidade; não há sob o manto imperial que vos cobre o *eu* livre e independente.

A nação que vos fez inviolável e sagrado vos privou da personalidade. O coração é para os reis um deus-lar, que preside a vida doméstica e ilumina as doces alegrias de família. Desde que o monarca sai deste santuário, anula-se o homem nele, e fica somente o representante da soberania nacional.

Vossa honra é a da nação como ela a sentir; vossa dignidade a do império brasileiro. Quando o povo entenda que chegou o momento de acabar a guerra e exprima

[8]Os próximos parágrafos desenvolvem algumas tópicas dos tratados prescritivos *specula principis*, com ênfase na sujeição da vontade pessoal do monarca aos desígnios impessoais do Estado. Vide Introdução.

seu voto pelos meios constitucionais, haveis de pensar do mesmo modo, senão como homem, infalivelmente como soberano.

Em vós está encarnado e vivo o grande *eu* nacional. Imagem da soberania brasileira, todos os sentimentos da nação devem necessariamente refletir-se aí.

Não há nas questões externas do país duas honras a vingar, a honra do império e a honra do imperador. O que pleiteamos nos campos do Paraguai não é a vossa glória nem o nome vosso; mas sim o nome e a glória do Brasil. A ele, pois, a ele somente e a ninguém mais compete resolver em última instância esta questão da própria dignidade.

Este que vos fala, obscuro cidadão, pudera, caso o povo brasileiro aceitasse a paz indecorosa, repelir a cumplicidade do ato, exprobrar à pátria semelhante fraqueza e até mesmo deserdar-se dela, se para tanto não lhe falecesse o ânimo. Mas eu, senhor, na esfera de minha humildade, sou rei de mim mesmo; e o monarca, no fastígio do poder, é o súdito de grandes deveres: por isso mesmo que é o depositário de altas prerrogativas.

O pacto fundamental, jurado entre um povo e uma dinastia, vínculo consagrado pela religião e pela honra, não se rompe assim bruscamente e a capricho de uma vontade. Nascem deste ato solene direitos e obrigações mútuas para a nação e o soberano. O trono não é somente um berço feliz, é um túmulo também.

Se, por qualquer divergência na política, o soberano tivesse o direito de resignar a coroa, também a nação que elegeu a sua dinastia pudera ao menor desgosto cassar a delegação da soberania ao seu perpétuo representante. Tornar-se-ia, portanto, o pacto fundamental, a carta da qual deriva o império da lei, o mais arbitrário e caprichoso dos atos humanos.

Debalde o revestiram de tantas solenidades e o consagraram pelo sufrágio nacional, se bastasse o capricho de uma vontade para o aniquilar. Pois o direito que não tem o menor empregado de abandonar o respectivo cargo sem receber sua escusa, havia de ser tolerado no magistrado supremo da nação, naquele que faltaria não só a todos os ramos da administração, mas a todos os poderes e a todos os direitos?

Senhor, sois o primeiro cidadão brasileiro; o primeiro não tanto pela supremacia, como pela grandeza do sacrifício. A melhor definição desse título, que herdastes, de imperador, vosso augusto pai a escreveu logo após na constituição. Jurastes ser o defensor perpétuo do Brasil, não somente nos tempos felizes, na monção das glórias e prosperidades, mas sobretudo no dia da desgraça. O maior e mais onerado dos servidores do estado, para vós não há prazo, nem repouso.

Qualquer que seja o desfecho da guerra, não tendes o direito de separar vossa dignidade da causa nacional. Um rei que por sua desgraça praticasse ato semelhante faria a sua pátria a maior afronta, jogando-lhe com a coroa às faces. E haverá algum tão isento de pecha, a ponto de supor-se maculado pelo fato de continuar no trono do país que desistisse de uma guerra desastrada?

Se existira este monarca sempre solícito pela honra nacional, sempre suscetível pela dignidade do nome brasileiro, esse mesmo não teria em caso algum o direito de abandonar na humilhação a pátria decaída, que sua grande alma bastara para reabilitar. Seria falta de generosidade, embora justificada pelo rigor de uma consciência austera.

IV

A honra das nações, como a honra dos indivíduos, não está sujeita aos acidentes da ordem física. Estes podem influir no resultado de uma empresa, na realização de uma ideia; mas não modificam a intenção. A honra é um sentimento, um princípio; e não, como pensam muitos, um sucesso ou mera casualidade.

Desdoura-se a nação que sofre impassível as afrontas a sua dignidade, mas não aquela que se levanta, como o homem de bem, para repelir o insulto e defender seus brios. Não importa para a consciência a vitória; ainda sucumbindo, um povo que o amor nacional inflama é uma coisa respeitável e santa.

Quando a nação ofendida tem grande superioridade de recursos em relação ao outro beligerante, deve por certo mortificá-la em extremo a dificuldade da vitória. Mas, se ela empregou os maiores esforços em sobrepujar a resistência; se deu provas de abnegação e heroísmo na reparação de sua honra ofendida; não fica desonrada curvando-se ante a impossibilidade.

Neste caso estaria o Brasil. O que um povo generoso, possuído de nobre estímulo e cheio de valor pode fazer, o nosso o tem feito, senhor; e não obstante os agravos recebidos de seu governo. O sentimento da nacionalidade brasileira manifestou-se com arrojos de indignação e heroísmo, que admiraram as nações de Europa e América.

O Brasil se improvisou guerreiro em poucos meses. O rude operário com uma constância surpreendentemente se fazia soldado no dia do juramento e veterano no primeiro combate. O governo chegou a assustar-se dessa afluência de bravos que, ao reclamo de honra, corriam pressurosos a vingar a pátria; e estagnou-lhe o curso, embora depois se arrependesse.

Não será, pois, um acontecimento qualquer, por mais cruel ao nosso orgulho nacional, que há de macular o nome deste povo tão suscetível no ponto de honra, tão impetuoso nos seus brios. Se a Deus aprouvesse experimentar-nos com uma terrível provança, deveríamos resignar-nos, pois seríamos vencidos por sua mão inexorável, em castigo de nossos erros. Mas a honra ficaria intacta.

Longe, pois, de uma persistência obstinada e intolerante para atingir o resultado que desejais, a prudência aconselha outro procedimento. Convém declarar de uma vez ao país toda a extensão do sacrifício que a guerra exige, e ele, que é o único soberano e o único árbitro da própria dignidade, decidirá conforme a sua consciência de povo nobre e honrado.

Não receio que ele se degrade. Se deixar-se abater um momento pelo terrível concurso de calamidades, que filhos imprudentes concitaram; tenho fé robusta na reação próxima. O Brasil sabe perdoar as ingratidões, porém não esquece as afrontas. Neste ponto, confio mais em nossa pátria do que vós, senhor, que vos lembrastes de a desamparar ao menor desânimo.

Este meio de ir aos poucos arrastando o país além de sua vontade, de acenar-lhe agora com um vislumbre de vitória para lhe pedir mais levas e, logo após, figurar próximo o desfecho, que sempre se remove para mais longe, essa falácia me parece, além de pouco decente para o governo, excessivamente perigosa.

Um dia, pode o país iludido aterrar-se ante a medonha perspectiva do futuro e exigir contas severas daqueles que o levaram de olhos vendados através dos precipícios. E não há nada medonho e funesto como seja a irritação dos cegos; dos homens como dos povos cegos. O desespero que gera a impossibilidade de ver a causa de seu mal os impele a desfechar golpes tremendos. Almas às quais estão cerrados os horizontes se esforçam por atingir com a fúria o que não podem atingir com a vista; e é tudo o que os cerca.

V

Na maior expansão do amor que vos consagro, senhor, peço a vossa meditação neste assunto capital.

À frente de nossas forças estão os mais experimentados e os mais ilustres dos nossos cabos de terra e mar; a situação estratégica não é recente, mas bem antiga, para achar-se convenientemente estudada. Digam, pois, aqueles generais ao governo, e este comunique ao país a verdade inteira das previsões relativas à conclusão ou prolongamento da guerra.

Se é impossível a vitória, o que eu recuso acreditar; acabe-se uma luta vã de glória e só repleta de misérias e dores. Quanto mais depressa repararmos as perdas sofridas, mais prontamente arrebataremos o triunfo que, porventura, nos escape da primeira vez.

Devemos vencer, porém, como tudo o augura, e faltam apenas os meios precisos? Abra-se então o governo francamente com o país; mas com o país real, aquele cuja seiva alimenta o tesouro e o exército; não com esse país simulado, do qual são representantes os maiores e acérrimos inimigos do Brasil.

Esses nada recusam, porque nada lhes custa. Demitiram a pátria, desde que a transformaram em feira do estrangeiro. É gente que não duvida vender aos almudes[9]

[9]*Almude*: antiga medida de líquidos.

o sangue e o suor do povo por alguns côvados[10] de galão. Nunca o verso do poeta francês teve mais perfeitos originais: *Pour l'amour du galon prets à toute livrée.* (Laprade).[11]

É a combater essa corrupção espantosa que deveis aplicar toda vossa atividade e dirigir as forças da nação. Não se ilustra pela vitória, nem pelas conquistas industriais, um povo que a desmoralização contaminou. A lepra do vício produz no corpo social úlceras hediondas, que não escondem algumas folhas de louro e uns remendos de púrpura.

Regenerai a alma da nação; confortai-a na virtude vacilante. Este sim é trabalho digno da insistência do soberano; desígnio no qual a inflexibilidade será, em vez de erro, dever. Recordai, senhor, o que vos disse outrora nestas palavras já esquecidas:

> Quando a nação não ouça a paternal admoestação e se aprofunde no vício, deturpando a virtude, elevando ao redor do trono maus caracteres e almas prostituídas, então... seria a circunstância única em que um rei teria o direito de abdicar sem fraqueza, abandonando à justiça de Deus o povo que delinquiu (*Cartas ao Imperador* — 7ª).

Nada, infelizmente, nada fizestes ainda para arrancar o país ao contágio funesto da sórdida cobiça e feia imoralidade. Ao contrário, vossa indiferença a respeito de tudo quanto não concerne a guerra e vossa obstinação a respeito dela toleram coisas incríveis para quem estima vosso caráter.

[10]*Côvado*: medida de cumprimento.

[11]Variante com lapso tipográfico do verso "Par amour du galon prêts à toute livrée" (por amor ao galão, prontos para qualquer serviço), do poema "Pro aris et focis", escrito pelo poeta e político Victor de Laprade (1812–1883). Trata-se de uma obra satírica, que censura a decadência dos valores morais na sociedade contemporânea francesa, assim como as *Novas cartas políticas* reprovam a corrupção política e moral no Segundo Reinado.

Tudo barateais, tudo concedeis; o bom conceito de vosso nome, o pundonor da pátria, a inviolabilidade da constituição, os princípios vitais da sociedade; tudo, contanto que venham em troca munições e soldados para fazer a guerra. Queira Deus que estas levas guerreiras arrancadas do solo brasileiro por tal meio não reproduzam o exemplo das hostes que o rei Cadmus[12] tirou da terra com os dentes e a torpe sânie[13] de um dragão.

VI

Senhor, afogam-me o coração as efusões do muito que tenho a dizer-vos. Não posso de uma vez arrojar essas abundâncias da alma, acanhada para seu grande patriotismo, fraca para sua dor ante os males da atualidade.

Voltarei a vossa presença. Compelem-me não só os grandes interesses do país e do trono, como a valentia dos meus sentimentos.

Para mim, senhor, representais uma fé. É luz que talvez bruxuleia, mas não se apaga. Velo nesta crença augusta, como no fogo vestal[14] de minha religião política. No instante em que se ele extinguir, creio que ficará na cinza dessa combustão o meu último entusiasmo. E talvez não haja seiva para reanimá-lo jamais!

Não se nutre esta fé na dedicação a vossa pessoa: o que a fortalece é o zelo pelo grande princípio representado no

[12]Cadmus é o fundador mítico de Tebas. Após matar um dragão consagrado a Ares, filho de Zeus, plantou o dente da fera em um solo de onde colheu guerreiros poderosos. Os deuses do Olimpo não lhe perdoaram a falta contra Ares, provocando sua expulsão de Tebas. Depois, transformaram-no em serpente. A advertência sugere que o procedimento insólito de expandir o efetivo militar acarretará ao Brasil o mesmo que a morte do dragão sagrado a Cadmus, independentemente da qualidade dos soldados.

[13]*Sânie*: líquido purulento.

[14]Fogo ofertado à deusa romana Vesta e perpetuamente velado por uma virgem consagrada à divindade.

Sr. D. Pedro II; o amor à dinastia, gêmea da pátria, pois nasceram juntas; e, acima de tudo, o receio de que decepções amargas e sucessivas derramem no país o tédio pelas melhores instituições.

Sou monarquista, senhor, como sou cristão, com fervor e entusiasmo, do mais profundo de minha alma.

O tipo do homem livre, do cidadão independente, não é o republicano, que se apavora com a ideia de uma delegação permanente da soberania. Visionário político, sonhando um nivelamento repugnante à natureza tanto moral como física, ele julga-se humilhado em sua dignidade, pelo fato de reconhecer um monarca; e não duvida fazer-se humilde vassalo da plebe. Entretanto que envergonha-se de respeitar a soberania nacional em um indivíduo, a acata na multidão, só porque é multidão.

Dignidade de algarismo que não compreende o homem de convicções. O monarca vive pela força moral; no povo, reside a força física. Qualquer destas forças é suscetível de degenerar; em ambas, há o gérmen pernicioso da tirania, com a diferença, porém, do alcance. Um rei pode ir até a ferocidade do tigre, não passa além; mas a multidão é uma voragem, um abismo, um hiato imenso e pavoroso da atrocidade humana.

Equivale o republicano ao ateu em política. Nega o ente superior com receio de amesquinhar-se em face dele.

O verdadeiro cidadão, como eu o compreendo, o homem livre por excelência, é aquele que se não assombra com o aspecto da majestade. Ao contrário, regozija-se vendo uma cabeça no grande corpo social; tronco degolado se não a tivesse; arlequim, se a tivera postiça.

A existência de um poder supremo e permanente que porventura abuse da força e atente contra seus direitos não perturba a serenidade daquela alma livre; é como o varão justo, que venera a onipotência do Criador, mas não trepida nunca!

O mais belo exemplo de liberdade na história dos povos é o do cidadão que acha na rigidez da consciência a força de arrostar com a majestade e falar ao soberano a linguagem da razão.

Possa minha palavra, ungida pela veneração que vos consagro, calar em vosso espírito e sufocar aí as injustas prevenções que levanta uma desconfiança recíproca entre a nação e a coroa. O momento da maior angústia para a pátria não era a ocasião própria para o soberano fazer garbo de sua abnegação pelas grandezas; mas sim para que patenteasse ainda uma vez a abnegação sublime de sua própria pessoa.

Vossos lábios cometeram, pronunciando a palavra, um lapso que a mente calma de certo já corrigiu. Disseram abdicação, quando a senha do dia para todos os brasileiros, e para vós primeiro que todos, é dedicação.

24 de junho
Erasmo

SEGUNDA CARTA
Sobre a emancipação

Senhor

A fama é um oceano para a imaginação do homem.

Às vezes, refrangem na límpida superfície do mar reverberações que fascinam. Desenha-se aos olhos deslumbrados um panorama esplêndido. Nas magnificências da luz, como na pompa das formas, excede as maravilhas do oriente.

Mas no foco brilhante dessa reverberação há infalível um espectro.

O espectro solar é a sombra, a treva, a noite, que jaz no âmago da luz, como o gérmen do mal no seio do bem. O espectro da fama é o luto de uma virtude que sucumbiu, o fantasma da justiça imolada, a larva do remorso.

Vosso espírito, senhor, permiti que o diga, foi vítima desta fascinação. De longe vos sorrio a celebridade. A glória, única ambição legítima e digna dos reis, aqueceu e inebriou um coração até bem pouco tempo ainda frio e quase indiferente.

Correstes após. Mas, deslumbrado pela visão especular, abandonastes a luz pura, límpida e serena da verdadeira glória, para seguir o falaz clarão. Proteger, ainda com sacrifício da pátria, os interesses de outros povos e favonear, mesmo contra o Brasil, as paixões estrangeiras, tornou-se desde então a mira única de vossa incansável atividade.

São duras de ouvir para um monarca semelhantes palavras; mais cruéis ainda são de enunciar para um cidadão leal. Vossa alma, porém, carece destas verdades nuas para se rever nelas como em um espelho que reflita sua estranha perturbação.

Povo adolescente, se não infante; derramado por um território cuja vastidão nos oprime; isolados, nestas regiões quase virgens, do centro da civilização do mundo; qual lustre e fama poderíamos, nós brasileiros, nós bárbaros, dar a um grande soberano, que o enchesse de nobre orgulho?

Nossa gratidão nacional por um reinado justo e sábio, essa, de todas a oblação[1] mais sublime da pátria, comparada com a celebridade europeia, não passa de mesquinha e insignificante demonstração. Falamos uma língua que o mundo desdenha, não obstante sua excelência de mais rica e nobre entre as modernas. Nossa palavra não tem ainda aquele eco formidável do canhão que repercute longe no coração das nações.

Ouve-nos apenas, e imperfeitamente, um punhado de dez milhões de almas.

Para a imaginação ávida, a fama estrangeira tem decerto melhor sabor e outra abundância. O elogio, nalguma dessas línguas que se fizeram cosmopolitas, contorna o mundo e difunde-se imediatamente na opinião universal. Os quatro ventos da imprensa transportam aos confins da terra o nome em voga, que repetem centos de milhões de indivíduos. Disputam as artes entre si a primazia de ilustrar a memória do grande homem e perpetuar as mínimas particularidades de sua vida.

Serão satisfeitos vossos mais caros desejos, senhor, infelizmente para a pureza de vosso nome.

[1]*Oblação*: oferta de objeto sagrado a Deus.

Já começastes a colher as primícias da celebridade, que tanto cobiçais. O jornalismo europeu rende neste momento ao imperador do Brasil aquelas homenagens da admiração pródiga e inexaurível, que saúda a ascensão de todos os astros da moda. O estrangeiro vos proclama um dos mais sábios e ilustres dos soberanos. Não há muitos dias leu o país o trecho da mensagem em que o presidente dos Estados Unidos, aludindo à franquia do Amazonas, vos considerou entre os primeiros estadistas do mundo.[2]

Palavras ocas e sonoras, soalhas do pandeiro, que a fama, sedutora boêmia, tange com requebros lascivos, insultando a castidade do homem sisudo. Quem pensara que vossa alma sóbria se havia de render à vulgar tentação?

Não tardará o desengano. Libais agora as delícias da celebridade: breve sentireis o travo da falsa glória. Há de causar-vos nojo, então, esta fútil celebridade que a moda distribui a esmo por quaisquer novidades artísticas.

Um espírito robusto como o vosso não pode sofrer por muito tempo o jugo da vaidade. Reconhecereis que um monarca brasileiro, fosse ele o ídolo de seu povo e o melhor entre todos os reis da terra, havia de viver como sua pátria no crepúsculo de nossa civilização nascente.

É a lei providencial de todas as coisas que tem uma aurora e um ocaso.

Há alguns séculos, a origem histórica de França e Inglaterra era coisa obscura e indiferente: em nossos dias, quem não preza os ilustres fundadores destas grandes nações! Quando nossa jovem civilização subir ao apogeu,

[2] A franquia da navegação no Amazonas era controversa. Decretada em dezembro de 1866, foi bem recebida nos Estados Unidos, que a demandavam havia tempos. O trecho, irônico, mostra como os elogios internacionais ao Imperador, que supostamente o inebriavam, ocultavam interesses de outras potências em desfavor do Brasil.

também projetará sobre o passado, presente agora, um vivo clarão. É o raio dessa luz que há de iluminar o berço do povo brasileiro e o reinado dos soberanos virtuosos que o educarem para o bem.

II

Não existe para vós, senhor, outra fama lícita e pura senão aquela póstuma, que é a verdadeira glória.

Já se foi o tempo em que os povos eram instrumento na mão dos reis, que os empregavam para obter a satisfação de suas paixões e a conquista de um renome vão. Agora que as nações se fizeram livres e de coisa maneável se tornaram em vontade soberana, são elas próprias a mais generosa ambição e a glória excelsa para os monarcas.

Outrora Alexandre, arrojando à Ásia seu pequeno povo e desbaratando-o para conquistar um mundo, foi o maior herói da Antiguidade. O rei que tal coisa empreendesse atualmente de seu próprio impulso perpetraria um grande crime, sacrificando à sua glória pessoal os destinos de uma nação livre.

Maior entre os monarcas neste século de liberdade considero eu aquele, embora modesto e comedido, que possa ler no fundo de sua consciência íntegra a satisfação de governar um povo feliz. São estes os únicos heróis de nosso tempo, os grandes conquistadores da paz e da civilização.

Repassai na mente a vossa história, senhor. Durante um reinado de vinte e sete anos, em sua quase metade bastante agitado, lutando com duas rebeliões e a efervescência do espírito público;[3] nunca vosso nome esteve como

[3]Alusão imprecisa a duas das três principais rebeliões políticas suprimidas após a Maioridade (1840), isto é, a Farroupilha (1835–1845), as insurreições liberais de São Paulo e Minas Gerais (1842) e a Praieira (1848).

hoje sujeito à censura e até mesmo à exprobração. Outrora pululavam alguns torpes escritos que transudavam fel; eram as escórias de paixões ínfimas. As acusações atualmente se levantam no parlamento e no alto jornalismo.

Por que razão recrudesce este sintoma justamente quando nos trazem todos os paquetes as explosões do entusiasmo estrangeiro por vossa pessoa? Como se explica esse desgosto nacional por aquilo que, ao contrário, devera orgulhar um povo?

Confrange o espírito público um ressentimento amargo. O país suspeita que os entusiasmos de além-mar não são espontâneos e desinteressados; mas sim obtidos à custa de concessões perigosas. Rasga-se o manto auriverde da nacionalidade brasileira, para cobrir com os retalhos a cobiça do estrangeiro.

São muitos os cortejos que já fez a coroa imperial à opinião europeia e americana. Reclama sério estudo cada um destes atos, verdadeiros golpes e bem profundos na integridade da nação brasileira. Um, porém, sobre todos me provoca neste momento, pelo seu grande alcance no futuro do país, como pelo grave abalo que produziu na sociedade.

A emancipação é a questão máxima do dia. Vós a descarnastes, senhor, para arremessá-la crua e palpitante na tela da discussão, como um pábulo[4] às ambições vorazes do poder. Imediatamente o arrebatou essa facção que se intitula progressista, como os vândalos se diziam emissários celestes: *agi enim se divino jusso.*[5]

[4]*Pábulo*: alimento.

[5]A frase alude à Liga Progressista (vide Introdução). A oração latina "Ser conduzido por mandado divino", *De gubernatio dei*, livro VII, 13, Salviano de Marselha (séc. V), sugere um paralelo entre a Liga e os vândalos: assim como os bárbaros devastaram o norte da África dizendo-se emissários de

A propaganda filantrópica, excitando vivas simpatias entre os povos civilizados, devia ser arma formidável na mão que a soubesse manear com vigor. Sentindo estiar a aura efêmera e caprichosa que em princípio os acolhera, os homens da situação conheceram a necessidade de amparar-se com a influência estrangeira. Era o meio de subtraírem-se à indignação pública, sublevada por seus desatinos.

Não hesitaram, pois; fizeram de uma calamidade ideia política. Dissecaram uma víscera social para atar a maioria.

Considerai, senhor, no alcance funesto deste acontecimento, se os espíritos refletidos vacilassem um instante na resistência, abalados pelo impulso do coração. Rompidos porventura os diques da opinião, a revolução se precipitara assolando este mísero país, já tão devastado. A ninguém é dado prever até onde chegaria a torrente impetuosa.

Felizmente o espírito são e prudente do povo, arrostando com a odiosidade dos preconceitos, acudiu pronto em defesa da sociedade ameaçada por falsa moral. Salutar energia que poupou à nação brasileira males incalculáveis e ao vosso reinado um epílogo fatal!

Pesa-me desvanecer a grata ilusão em que se deleita vossa alma.

Libertando uma centena de escravos, cujos serviços a nação vos concedera; distinguindo com um mimo especial o superior de uma ordem religiosa que emancipou o ventre; estimulando as alforrias por meio de mercês honoríficas; respondendo às aspirações beneficentes de

Deus, o ministério brasileiro provocaria destruição social em nome de um princípio superior, a emancipação dos escravos.

uma sociedade abolicionista de Europa; e finalmente reclamando na fala do trono o concurso do poder legislativo para essa delicada reforma social; sem dúvida, julgais ter adquirido os foros de um rei filantropo.[6]

Grande erro, senhor, prejuízo rasteiro que não devera nunca atingir a altura de vosso espírito. Estas doutrinas que vos seduziram, longe de serem no Brasil e nesta atualidade impulsos generosos de beneficência, tomam ao revés o caráter de uma conspiração do mal, de uma grande e terrível impiedade.

A propagação entusiástica de semelhante ideia neste momento lembra a existência das seitas exterminadoras, que, presas de um cego fanatismo, buscam o fantasma do bem através do luto e ruína. Quanto pranto e quantas vidas custa às vezes o título vão por que almejam alguns indivíduos de benfeitores da humanidade!

Bem o exprimiu o ilustre Chateaubriand na máxima severa com que estigmatizou essa hipocrisia social: — "A filantropia", disse ele a propósito do tráfico de africanos, "é a moeda falsa da caridade".[7]

[6]Referência às medidas em favor dos escravos que D. Pedro II tomou ou favoreceu após o fim da escravidão nos EUA (1865): emancipação dos cativos do Estado para servir na Guerra do Paraguai (novembro de 1866); libertação do ventre que a Congregação Beneditina promoveu entre suas próprias escravas a partir de 1866; concessão de títulos aos senhores que alforriassem escravos aptos para a guerra; resposta positiva ao pedido do *Comité Français d'Émancipation* pelo fim do cativeiro no Brasil; menção do problema da escravidão na *Fala do Trono* de 1867.

[7]Ver F. R. de Chateaubriand. *Congrès de Vérone — Guerre d'Espagne. Négociations: colonies espagnoles*. Paris: Delloye, 1838, p. 79. Chateaubriand foi agente diplomático francês no Congresso de Verona (1822). Defendeu ali interesses coloniais da Espanha, então aliada da França, repelindo exigências inglesas para a supressão do tráfico negreiro. Seus escritos diplomáticos forneceram precioso aporte ideológico para estadistas brasileiros.

III

Investiguemos, senhor, com a atenção que merece, este problema humanitário.

A escravidão é um fato social, como são ainda o despotismo e a aristocracia; como já foram a coempção[8] da mulher, a propriedade do pai sobre os filhos e tantas outras instituições antigas.

Se o direito, que é a substância do homem e a verdadeira criatura racional, saísse perfeito e acabado das mãos de Deus, como saiu o ente animal, não houvera progresso, e o mundo moral fora incompreensível absurdo.

Não sofre, porém, séria contestação essa verdade comum e cediça[9] da marcha contínua da lei que dirige a humanidade.

O direito caminha. Deus, criando-o sob a forma do homem e pondo a inteligência ao seu serviço, abandonou-o à força bruta da matéria. A luta gigante do espírito contra o poder físico dos elementos, do sopro divino contra o vigor formidável da natureza irracional, é a civilização. Cada triunfo que obtém a inteligência importa a solução de mais um problema social.

Nessa geração contínua das leis, criaturas do direito, a ideia que nasce tem, como o homem, uma vida sagrada e inviolável. Truncar a existência do indivíduo animal é um homicídio; suprimir a existência do indivíduo espiritual é a anarquia. Crime contra a pessoa em um caso; crime contra a sociedade em outro.

A escravidão caduca, mas ainda não morreu; ainda se prendem a ela graves interesses de um povo. É quanto basta para merecer o respeito. No tênue sopro, que de

[8]*Coempção*: compra.
[9]*Cediço*: antigo, notório, sabido de todos.

todo não exalou do corpo humano moribundo, persiste a alma e, portanto, o direito. O mesmo acontece com a instituição: enquanto a lei não é cadáver, despojo inane de uma ideia morta, sepultá-la fora um grande atentado.

A superstição do futuro me parece tão perigosa como a superstição do passado. Esta junge o homem ao que foi e o deprime; aquela arrebata o homem ao que é e o precipita. Consiste a verdadeira religião do progresso na crença do presente, fortalecida pelo respeito às tradições, desenvolvida pelas aspirações a melhor destino.

Decorar com o nome pomposo de filantropia o ideal da ciência e lançar o ódio sobre as instituições vigentes, qualificando seus defensores de espíritos mesquinhos e retrógrados, é um terrível precedente em matéria de reforma. Tolerado semelhante fanatismo do progresso, nenhum princípio social fica isento de ser por ele atacado e mortalmente ferido.

A mesma monarquia, senhor, pode ser varrida para o canto entre o cisco das ideias estreitas e obsoletas. A liberdade e a propriedade, essas duas fibras sociais, cairiam desde já em desprezo ante os sonhos do comunismo. Seria fácil demonstrar que vosso próprio espírito, filantropo no assunto da escravidão, não passa de rotineiro a respeito de religião.

Choca semelhante arrogância da teoria contra a lei. Ainda mesmo extintas e derrogadas, as instituições dos povos são coisa santa, digna de toda veneração. Nenhum utopista, seja ele um gênio, tem o direito de profaná-las. A razão social condena uma tal impiedade.

A escravidão se apresenta hoje, ao nosso espírito, sob um aspecto repugnante. Esse fato do domínio do homem sobre o homem revolta a dignidade da criatura racional. Sente-se ela rebaixada com a humilhação de seu semelhante. O cativeiro não pesa unicamente sobre um certo número de indivíduos, mas sobre a humanidade, pois uma porção dela acha-se reduzida ao estado de coisa.

Mais bárbaras instituições, porém, do que a escravidão já existiram e foram respeitadas por nações em virtude não somenos às modernas. Não se envergonharam elas em tempo algum de terem laborado no progresso do gênero humano, explorando uma ideia social. Ao contrário, ainda agora lhes são títulos de glória essas leis enérgicas e robustas que faziam sua força e serviam de músculo a uma raça pujante.

Houve jamais tirania comparável ao direito quirital[10] dos romanos? Entretanto, foi essa instituição viril que cimentou a formidável nacionalidade do povo rei e fundou o direito civil moderno.

Que mais opressivo governo do que o feudalismo? Saiu dele, não obstante, por uma feliz transformação o modelo da liberdade política, o sistema representativo.

É, pois, um sentimento injusto e pouco generoso o gratuito rancor às instituições que deixaram de existir ou estão expirantes. Toda a lei é justa, útil, moral, quando realiza um melhoramento na sociedade e representa uma nova situação, embora imperfeita, da humanidade.

Neste caso está a escravidão.

É uma forma, rude embora, do direito; uma fase do progresso; um instrumento da civilização, como foi a conquista, o mancípio,[11] a gleba. Na qualidade de instituição, me parece tão respeitável como a colonização; porém,

[10] *Direito quirital*: repertório legal arcaico de Roma. Entre suas disposições consideradas tiranas, destacam-se as que colocavam o devedor à discrição absoluta do credor, como a pena capital e o cativeiro perpétuo.

[11] *Mancípio*: poder quase absoluto do páter-famílias sobre agregados e dependentes.

muito superior quanto ao serviço que prestou ao desenvolvimento social.

De feito, na história do progresso representa a escravidão o primeiro impulso do homem para a vida coletiva, o elo primitivo da comunhão entre os povos. O cativeiro foi o embrião da sociedade; embrião da família no direito civil; embrião do estado no direito público.

Hão de parecer-vos estranhas estas proposições, senhor; talvez que, à vossa mente prevenida,[12] se apresentem como a glorificação da tirania doméstica.

Percorrei comigo de um lanço a história da humanidade.

IV

No seio da barbaria, o homem, em luta contra a natureza, sente a necessidade de multiplicar suas forças. O único instrumento ao alcance é o próprio homem, seu semelhante; apropria-se dele, ou pelo direito da geração ou pelo direito da conquista. Aí está o gérmen rude e informe da família, agregado dos fâmulos, *coetus servorum*.[13] O mais antigo documento histórico, o Gênesis, nos mostra o homem filiando-se à família estranha pelo cativeiro.

Mais tarde, a aglomeração das famílias constitui a nação, *gens*, formada dos homens livres, senhores de si mesmos. Em princípio reduzida a pequenas proporções, tribo apenas, é pelo cativeiro ainda que a sociedade se desenvolve, absorvendo e assimilando as tribos mais fracas.

Se a escravidão não fosse inventada, a marcha da humanidade seria impossível, a menos que a necessidade

[12]*Prevenido*: o mesmo que preconceituoso.
[13]*Coetus servorum*: reunião dos escravos.

não suprisse esse vínculo por outro igualmente poderoso. Desde que o interesse próprio de possuir o vencido não coibisse a fúria do vencedor, ele havia de imolar a vítima. Significara, portanto, a vitória na Antiguidade uma hecatombe; a conquista de um país, o extermínio da população indígena.

As raças americanas, cheias de tamanho vigor, opulentas de seiva, haurindo a exuberância de uma natureza virgem, estavam não obstante a extinguir-se ao tempo da descoberta. Entretanto, no Oriente, num clima enervador, sob a ação funesta da decadência física e moral, uma raça caquética e embrutecida pululava com espantosa rapidez.

Ignoram os filantropos a razão?

A América desconhecia a escravidão. O vencido era um troféu para o sacrifício. No selvagem amor da liberdade, o americano não impunha, e menos suportava, o cativeiro. No Oriente, ao contrário, a escravidão se achava na sua pátria. A guerra era uma indústria; uma aquisição de braços. O primeiro capital do homem foi o próprio homem.

Todas as vezes que houve necessidade de reparar uma solução de continuidade entre os povos, a escravidão se desenvolveu novamente, a fim de preencher sua missão eminentemente social.

Primitivamente os povos caminharam pela conquista. Hordas bárbaras rompiam das florestas para o foco da civilização. O homem culto, vencido fisicamente pelo selvagem, mas reagindo moralmente pela superioridade do espírito; eis o escravo antigo, mestre, sábio, filósofo.

Assim, desde as origens do mundo, o país centro de uma esplêndida civilização é, no seu apogeu, um mercado, na sua decadência, um produtor de escravos. O Oriente abasteceu de cativos a Grécia. Nessa terra augusta da liberdade, nas ágoras de Atenas, se proveram desse traste os orgulhosos patrícios de Roma. Por sua vez, o cidadão rei, o *civis romanus*,[14] foi escravo dos godos e hunos.

Modernamente, os povos caminham pela indústria. São os transbordamentos das grandes nações civilizadas que se escoam para as regiões incultas, imersas na primitiva ignorância. O escravo deve ser, então, o homem selvagem que se instrui e moraliza pelo trabalho. Eu o considero nesse período como o neófito da civilização.

A salutar influência do cristianismo adoçou a escravidão; e a organização da sociedade foi operando nela uma transformação lenta que terminou entre o nono e o décimo século. Entrou aquela antiquíssima instituição em outra fase, a servidão, que só foi completamente extinta com a revolução de 1789.

O escravo deixou de ser coisa, na frase de Catão, ou animal, segundo a palavra de Varrão; tornou-se homem, como exigia Sêneca;[15] mas o homem propriedade, o homem lígio,[16] adstrito ao solo ou à pessoa do senhor feudal. Metade livre e metade cativo: uma propriedade vinculada a uma liberdade; eis a imagem perfeita do servo.

Havia quinhentos anos que se extinguira na Europa a escravidão, quando no século XV ressurge ela de repente e no seio da civilização.

Por que razão?

[14]*Civis romanus*: cidadão romano.

[15]Referências a Marcus Cato (234–149 a.C.), Marcus Varro (116–27 a.C.), autores de obras sobre agricultura, e Lucius Seneca (4 a.C.–65 d.C.), filósofo estoico que igualou conceitualmente escravos e homens livres, julgando-os sujeitos aos mesmos caprichos das paixões e da fortuna.

[16]*Lígio*: na Idade Média, indivíduo ligado ao superior, sem autonomia de decisão.

Os filantropos abolicionistas, enlevados pela utopia, não sabem explicar este acontecimento. Vendo a escravidão por um prisma odioso, recusando-lhe uma ação benéfica no desenvolvimento humano, obstinam-se em atribuir exclusivamente às más paixões humanas, à cobiça e indolência, o efeito de uma causa superior.

Ressurge a escravidão no século XV suscitada pela mesma indeclinável necessidade que a tinha criado em princípio e mantido por tantos milênios.

Na cabeça da Europa, como lhe chama o grande épico lusitano,[17] então cérebro do mundo civilizado, gerava-se o maior acontecimento da idade moderna, o que lhe serve de data, a descoberta da América. A essa raça ibérica, semi-africana, estava reservada a glória de lançar primeira a mão ao novo mundo e pô-lo ao alcance do antigo.

Pois aí, no seio dessa raça, devia renascer a escravidão europeia. Depois da expulsão dos mouros em 1440, efetuou-se o resgate de prisioneiros brancos por negros. Este foi o estímulo e o princípio do tráfico de africanos, que só devia terminar em nossos dias.

Não se podia melhor ostentar a lógica da civilização humana.

Àqueles povos, futuros senhores de um mundo, obrigados a roteá-lo, eram indispensáveis massas de homens para devassar a imensidade dos desertos americanos e arrostar a pujança de uma natureza vigorosa. Estas massas, não as tinham em seu próprio seio, careciam de buscá-las: a raça africana era então a mais disponível e apta.

Se a raça americana suportasse a escravidão, o tráfico não passara de acidente, e efêmero. Mas, por uma lei misteriosa, essa grande família humana estava fatalmente

[17]Luís de Camões, em *Os Lusíadas* (III, 20).

condenada a desaparecer da face da terra, e não havia para encher esse vácuo senão a raça africana. Ao continente selvagem, o homem selvagem. Se este veio embrutecido pela barbaria, em compensação trouxe a energia para lutar com uma natureza gigante.

Também não havia outro meio de transportar aquela raça à América senão o tráfico. Por conta da consciência individual, correm as atrocidades cometidas. Não carrega a ideia com a responsabilidade de semelhantes atos, como não se imputam à religião católica, a sublime religião da caridade, as carnificinas da inquisição. O tráfico, na sua essência, era o comércio do homem; a *mancipatio*[18] dos romanos.

Sem a escravidão africana e o tráfico que a realizou, a América seria ainda hoje um vasto deserto. A maior revolução do universo, depois do dilúvio, fora apenas uma descoberta geográfica, sem imediata importância. Decerto não existiriam as duas grandes potências do novo mundo, os Estados Unidos e o Brasil. A brilhante civilização americana, sucessora da velha civilização europeia, estaria por nascer.

V

Não é, senhor, um paradoxo esta minha convicção da influência decisiva da escravidão africana sobre o progresso da América.

Os fatos a traduzem com uma lucidez admirável.

Renascida a moderna escravidão na península ibérica, pode-se afirmar que não medrou sobre o continente europeu. Ao contrário, foi de si mesma, pela influência dos

[18]*Mancipatio*: na Roma Antiga, contrato verbal reservado para a venda de terras, gados e escravos. O paralelo com o tráfico negreiro tem por objetivo qualificá-lo de forma rude e antiga de direito, porém legítima.

costumes, como pela natural repulsão das duas raças, se extinguindo. Não houve necessidade de derrogar a instituição; ainda a lei permanecia, que já o fato desaparecera completamente.

Nas possessões ultramarinas, porém, e especialmente na América, o tráfico de africanos se desenvolveu em vasta e crescente escala. Não só Espanha e Portugal, já acostumadas com os escravos mouros, como as outras potências marítimas, Inglaterra, França e Holanda, se foram prover, no grande mercado da Nigrícia, dos braços necessários às suas colônias.

Como se explica essa anomalia de povos, repelindo na metrópole uma instituição que adotam e protegem no regime colonial? Não era natural que a mesma salutar influência dos costumes e antipatia de origem atuassem nesses países, a não interpor-se uma causa poderosa?

Essa causa era a necessidade, a suprema lei diante da qual cedem todas as outras; a necessidade, força impulsora do gênero humano.

Na metrópole, os europeus não sofriam a falta do escravo, facilmente substituído, e com vantagem, na cidade pelo proletário, na agricultura pelo servo. Para as possessões americanas, porém, o escravo era um instrumento indispensável. Tentaram supri-lo com o índio; este preferiu o extermínio. Quiseram substituir-lhe o galé;[19] mas, já civilizado, o facínora emancipava-se da pena no deserto e fazia-se aventureiro em vez de lavrador.

Não houve remédio senão vencer a repugnância do contato com a raça bruta e decaída. Um escritor notável, Cochin,[20] estrênuo abolicionista, não pôde, apesar de suas tendências filantrópicas, esquivar-se à verdade da

[19]*Galé*: criminoso condenado a trabalhos forçados.

[20]Agustin Cochin (1823–1872), autor de *L'Abolition de l'Esclavage*, que

história. Deu testemunho da missão civilizadora da escravidão moderna, em sua obra recente, quando escreveu estas palavras: "Foi ela, foi a raça africana que realmente colonizou a América." (Abolição da escravidão, v. 2, p. 74).

Erram aqueles que atribuem o desenvolvimento do tráfico a simples condições climatéricas. Se as admiráveis explorações dos descobridores não bastam para desvanecer esse prejuízo, diariamente se acumulam os argumentos contra ele. Quem já não observou a impassibilidade com que o trabalhador português arrosta o sol ardente dos trópicos, no mais rude labor?

Não. Esta família latina, que desdenha a ridícula abusão[21] dos materialistas, tinha tanto como a família saxônia força e energia de sobra para rotear o solo americano. Outras foram as causas da insuficiência da raça branca em relação à primitiva colonização do novo mundo.

A população da Europa, longe de transbordar, como agora, era pouco intensa naquele tempo: seu território, embora pequeno, sobejava-lhe. Minguados subsídios, portanto, devia prestar às novas descobertas; e estes mesmos estorvados pela dificuldade e risco das comunicações. Eram raras as viagens então; a emigração, nula.

Foi esta uma causa; outra, a degradação do trabalho agrícola em toda a sociedade mal organizada, que vive dos despojos do inimigo ou dos recursos naturais do solo. A colônia era uma aglomeração de aventureiros à busca de minas e tesouros. Sonhando riquezas fabulosas, qualquer europeu, ainda mesmo o degradado, repelia o cabo

recebeu o principal prêmio da Academia Francesa em 1862. O livro teve grande impacto na Europa, nos Estados Unidos e no Império do Brasil.

[21] *Abusão*: engano, ilusão.

do alvião[22] como um instrumento aviltante. A lavoura na América parecia uma nova gleba ao homem livre.

Eis a necessidade implacável que suscitou neste continente o tráfico africano. Vinha muito a propósito parodiar a palavra célebre de Aristóteles: "Se a enxada se movesse por si mesma, era possível dispensar o escravo."[23]

Três séculos durante, a África despejou sobre a América a exuberância de sua população vigorosa. Calcula-se em cerca de quarenta milhões o algarismo dessa vasta importação. Nesse mesmo período, a Europa concorria para a povoação do novo mundo com um décimo apenas da raça negra.

Não vêm de origem suspeita estes dados; são colhidos na obra citada de um ardente abolicionista. É certo que ele jogou com aqueles algarismos para demonstrar o desperecimento[24] da raça africana na América; mas escapou-lhe a razão lógica e natural do número reduzido da população negra, apresentado pelas estatísticas modernas. Em três e meio séculos, o amálgama das raças se havia de operar em larga proporção, fazendo preponderar a cor branca. Três ou quatro gerações bastam às vezes, no Brasil, para uma transformação completa.

É, pois, uma grande inexatidão avançar que a raça africana nem ao menos prestou para povoar a América. Quem abriu o curso à emigração europeia, quem fundou

[22]*Alvião*: instrumento de trabalho em que uma das pontas se assemelha à enxada e a outra à picareta.

[23]Paráfrase que adapta às condições brasileiras o seguinte trecho da *Política* (I, 13), de Aristóteles: "Ele [o escravo] é em si uma ferramenta para manejar ferramentas. Pois se cada instrumento pudesse realizar seu trabalho obedecendo ou antecipando a vontade de outros [...]; se, da mesma maneira, a lançadeira do tear tecesse sozinha e a palheta tocasse a lira, os manufatureiros não precisariam de trabalhadores, nem os senhores precisariam de escravos".

[24]*Desperecimento*: esgotamento gradual.

a agricultura nestas regiões, senão aquela casta humilde e laboriosa, que se prestava com docilidade ao serviço como aos prazeres a[25] ralé, vomitada pelos cárceres e alcouces[26] das metrópoles?

Longe de enxergar a diminuição da gente africana pelo odioso prisma de um precoce desaparecimento, cumpre ser justo e considerar este fato como a consequência de uma lei providencial da humanidade, o cruzamento das raças, que lhe restitui parte do primitivo vigor. Bem dizia o ilustre Humboldt[27] fazendo o inventário das varas línguas ou famílias transportadas à América e confundidas com a indígena: "Aí está inscrito o futuro do novo mundo!"[28]

Verdade profética! A próxima civilização do universo será americana como a atual é europeia. Essa transfusão de todas as famílias humanas no solo virgem deste continente ficara incompleta se faltasse o sangue africano, que no século VIII afervorou o progresso da Europa.[29]

Chego à questão da sua atualidade.

Esse elemento importante da civilização americana, que serviu para criá-la e a nutriu durante três séculos, já consumou sua obra? É a escravidão um princípio exausto

[25]Na edição original, lê-se "prazeres da ralé". Trata-se, naturalmente, de um erro tipográfico, pois elimina a dualidade conceitual que se procura estabelecer entre o africano, laborioso, e o aventureiro, que evita o trabalho.

[26]*Alcouce*: prostíbulo.

[27]Alexander von Humboldt (1769–1859), naturalista alemão. Após explorações científicas nas Américas, publicou a *Voyage aux régions équinoxiales du Nouveau Continent*, obra que o tornou mundialmente famoso.

[28]Frase que consta do *Essai politique sur l'île de Cuba* (1826, p. 408), de Alexander von Humboldt, mas que também se encontra na já mencionada obra de Augustin Cochin, *L'abolition de l'esclavage* (1861, p. 74), de onde foi provavelmente extraída.

[29]Referência à tomada da Península Ibérica pelos islâmicos, efetuada a partir de 711.

que produziu todos os seus bons efeitos e tornou-se, portanto, um abuso, um luxo de iniquidade e opressão?

Nego, senhor, e o nego com a consciência do homem justo, que venera a liberdade; com a caridade do cristão, que ama seu semelhante e sofre na pessoa dele. Afirmo que o bem de ambas, da que domina como da que serve, e desta principalmente, clama pela manutenção de um princípio que não representa somente a ordem social e o patrimônio da nação; mas sobretudo encerra a mais sã doutrina do evangelho.

Espero em outra carta levar esta convicção ao vosso espírito; não obstante a fatal abstração que o retira da miséria nacional, para engolfá-lo nas auras da celebridade.

15 de julho 1867
Erasmo

TERCEIRA CARTA

sobre a emancipação

Senhor

I

A repulsão e o amálgama das raças humanas são duas leis de fisiologia social tão poderosas como na física os princípios da impenetrabilidade e coesão.

Integralmente, raças diversas não podem coabitar o mesmo país, como não podem corpos estranhos ocupar simultâneos o mesmo espaço. Os indivíduos, porém, que formam as moléculas das diferentes espécies, aderem mutuamente e se confundem em nova família do gênero humano.

Ninguém desconhece, todavia, quanto é lenta essa coesão ou amálgama de raças. Demanda séculos e séculos semelhante operação etnográfica; e traz graves abalos à sociedade. A tradição e o caráter, que formam a originalidade de cada grupo da espécie humana, não se diluem sem aturado e contínuo esforço.

Desde que por uma necessidade suprema e indeclinável a raça africana entrou neste continente e compôs em larga escala a sua população; infalivelmente submeteu-se à ação desse princípio adesivo, ao qual não escapou ainda uma só família humana.

Eis um dos resultados benéficos do tráfico. Cumpre não esquecer, quando se trata desta questão importante, que a raça branca, embora reduzisse o africano à condição de uma mercadoria, nobilitou-o não só pelo contato, como pela transfusão do homem civilizado. A futura civilização da África está aí, nesse fato em embrião.

Mas, senhor, que força maior sufocou a invencível repulsão das duas espécies humanas mais repugnantes entre si, a ponto de as concentrar no mesmo solo durante trezentos e cinquenta anos?

A escravidão; a aliagem artificial, que supre e prepara o amalgama natural. Sem a pressão enérgica de uma família sobre a outra, era impossível que a imigração europeia, tão diminuta nos primeiros tempos, resistisse à importação africana, dez vezes superior. Acabrunhada pela magnitude da natureza americana, entre dois inimigos, o negro e o índio, a colônia sucumbira sem remédio.

Situada assim a questão dentro de seus verdadeiros limites na ciência social, a conclusão decorre logicamente. Resolve-se a escravidão pela absorção de uma raça por outra. Cada movimento coesivo das forças contrárias é um passo mais para o nivelamento das castas e um impulso em bem da emancipação.

Chegado o termo fatal, produzido o amálgama, a escravidão cai decrépita e exânime de si mesma, sem arranco nem convulsão, como o ancião consumido pela longevidade que se despede da existência adormecendo. Mas, antes do seu prazo, quem fere mortalmente uma lei, derrama sangue, como se apunhalara um homem.

A história, grande mestra para os que a estudam com o necessário critério, confirma todos estes corolários da razão. Nas memórias da escravidão moderna está registrado o sumário crime dos governos que guilhotinaram essa instituição, para obedecer à fatuidade de uma utopia. De uma utopia, sim; pois outro nome não tem essa pretensão de submeter a humanidade, o direito, a uma craveira matemática.

Porque somos livres agora, nós, filhos de uma raça hoje superior, havemos de impor a todo o indivíduo, até ao bárbaro, este padrão único do homem que já tem a consciência de sua personalidade! Não nos recordamos que os povos nossos progenitores foram também escravos e adquiriram, nesta escola do trabalho e do sofrimento, a têmpera necessária para conquistar seu direito e usar dele?

Enlevo dos espíritos filantrópicos! O catolicismo da liberdade, como o catolicismo da fé, é o último verbo do progresso: união da espécie humana e sua máxima perfeição. Aspiremos a esse esplêndido apogeu dos nossos destinos; mas não tenha alguém a ridícula pretensão de o escalar de um salto antes do tempo.

Dois fatos muito salientes de abolição contrastam na história da escravidão moderna: o das colônias inglesas em 1833 e o das colônias francesas em 1848.[1]

O primeiro se realizou com abalo, mas sem grandes catástrofes. Ao atrito do frio caráter saxônio, a população negra se tinha limado. O homem do norte é originalmente industrioso; sua mesma pessoa representa uma indústria, uma elaboração constante das forças humanas

[1] A abolição da escravidão no império inglês foi aprovada no Parlamento britânico em 1833. A lei, que entraria em vigor a partir de agosto de 1834, estipulava uma fase de transição do regime escravista para o livre, chamada de aprendizagem, em que os trabalhadores, ex-escravos, se submetiam a estrita vigilância. Prevista para durar até 7 anos, a aprendizagem foi abolida em 1838, antes do prazo final. No império francês, a abolição imediata foi uma das primeiras medidas do governo revolucionário que instituiu a república no país em 1848. As duas experiências foram vistas como desastrosas por políticos escravistas dos Estados Unidos, do Brasil e da Espanha. As *Novas cartas políticas* procuram atrelar os efeitos de cada abolição ao caráter étnico e cultural da classe dominante.

contra as causas naturais de destruição. Ele disputa a vida ao clima e a nutrição ao gelo.

Esse cunho vigoroso da materialidade o colono inglês imprimira na sua escravatura. O negro não era já mero instrumento em sua mão; porém, um operário ao qual só faltava o estímulo do lucro. Quando realizou-se a emancipação, os escravos, se não estavam completamente educados para a liberdade, possuíam pelo menos os rudimentos industriais que deviam mais tarde desenvolver-se com o trabalho independente. A essa madureza deve-se o estado próspero da população negra depois da abolição.

Houve dor e sangue, porque amputou-se um membro vivo da sociedade, uma instituição útil ainda; porém, a cicatriz não se demorou muito e o organismo se restabeleceu. A passagem do trabalho escravo para o trabalho livre se efetuou com a divisão das terras e a vigilância da autoridade.

Nas colônias francesas, muda a cena; a abolição toma um aspecto triste.

A raça latina é sobretudo artística; a indústria, que para o filho do norte começa com a infância do progresso, para o filho do sul representa a virilidade. Outros estímulos, que não o cômodo e o útil, impelem o caráter ardente dessa família do gênero humano: ela aspira sobretudo ao belo e ao ideal. Com uma gana tão delicada, não podia certamente a raça latina polir com rapidez a rude crosta do africano: este permanecia um instrumento bruto na sua mão.

Por isso a emancipação, além da desordem econômica e das insurreições, acarretou a desgraça e ruína da população negra. Ainda não educada para a liberdade, entregou-se à indolência, à miséria e à rapina. Com razão se disse que a abolição da escravidão ali importara a abolição do trabalho. Ainda agora faltam às colônias francesas os braços que demanda a agricultura.

Onde estão os que, embora cativos, mantinham essa indústria? Aflitiva interrogação, a que não atende a filantropia, mas a estatística responde com fúnebre algarismo.

II

Não há exemplo, senhor, de um país que se animasse a emancipar a raça africana, sem ter sobre ela uma grande superioridade numérica.

Quebrar o vínculo moral, quando não existe a intensidade necessária para absorver e sufocar o princípio estranho, seria o suicídio. Nenhum dogma de moral ou preceito de filantropia ordena semelhante atentado de uma nação contra sua própria existência. A primeira lei da sociedade, como a do homem, é a da sua conservação. A sentença ímpia que se ouviu na Europa "morram as colônias, mas salve-se o princípio"[2] revela que a filantropia tem, como todos os fanatismos, sua ferocidade. Contudo, a morte da colônia não passava da amputação de um membro. Haverá no Brasil quem exija para salvar o princípio a morte do império, a sua ruína total?

E será esse brasileiro?...

A Inglaterra e a França não emancipariam a população negra de suas colônias, se não se achassem nas condições de proteger eficazmente ali a raça branca. A força

[2]Afirmação atribuída a Maximilien Robespierre (1758–1794), que proferiu a frase "morram as colônias, se custam vossa honra, vossa glória, vossa liberdade", em um debate de 1791 sobre a extensão da cidadania aos homens livres negros e mulatos das colônias francesas no Caribe. Robespierre respondia a um deputado da *Assemblée Constituante* que, advertindo contra o perigo da extensão da cidadania, alegara a possível perda das colônias. Posteriormente, a frase adquiriu a forma que ocorre nas *Novas cartas políticas* e o sentido de idealismo utópico socialmente irresponsável.

moral da metrópole e seu poder militar eram suficientes para prevenir e sufocar a insurreição. Figure-se qual fora, depois da abolição, o destino da Jamaica ou da Martinica abandonada por suas respectivas nações!

Os Estados Unidos, não obstante haverem já estreado de longa data a emancipação, só a completaram recentemente, quando sua população livre excedia cerca de oito vezes a escravatura. Segundo o recenseamento de 1860, sobre trinta e um milhões de habitantes, quatro apenas eram cativos. Nessa proporção o antagonismo de raça se atenua; quando não se desvaneça pelo respeito natural da pequena minoria, inferior em todo o sentido.

Entretanto, o fato da abolição do trabalho escravo no sul da confederação, decretado por violenta guerra civil, ainda não se deve considerar consumado. A miséria e a anarquia apenas começam a desdobrar-se naquele país, ontem florescente; ninguém sabe das cenas de horror que, porventura, serviram de peripécia ao drama sanguinolento.

O Brasil está muito longe de uma situação favorável como aquela. Sobre uma população de dez milhões de habitantes, um terço é de cativos, rezam os cálculos mais restritos. Segundo o relatório da sociedade abolicionista de Inglaterra, o censo da escravatura no universo, em 1850, dava ao nosso país um algarismo superior ao da União Americana. Havia ali então 3.178.000 escravos; nós tínhamos 3.250.000. Concedendo que a população escrava dobre em um período de 50 anos, período longo para o clima, ela se elevaria hoje a cerca de quatro milhões ou 3.900.000, sem contar a importação dos meses que ainda durou o tráfico depois de 1850.[3]

[3]Ao contrário dos Estados Unidos e de Cuba, o Império do Brasil

É certo que no sul dos Estados Unidos, área da escravatura, esta se achava em igual proporção; cerca de quatro milhões sobre um total de dez. Foi por esse motivo que o sul em peso, como um só homem, se levantou contra a abolição. Foi o norte, com seus treze milhões[4] de habitantes livres, que exigiu a reforma e a impôs.

Os algarismos são, na frase do escritor especialista, que já referi, testemunhas impassíveis; relatam a verdade, sem deixar-se influir da paixão e interesse. Esse mesmo testemunho imparcial da estatística invoco eu agora, em favor do império, ameaçado de uma grande calamidade.

Há alguém de boa-fé que aconselhe a emancipação em um estado cuja população não tem a capacidade suficiente para sopitar[5] o elemento subversivo? Não equivalera semelhante desatino à loucura do homem que lançara fogo ao morteiro, para abafá-lo com a mão?

Dois indivíduos atentos às suas ocupações, confiados na proteção das leis, são acaso força bastante para conter a sanha de um inimigo irritado pela anterior submissão, movido por instintos bárbaros e exclusivamente preocupado desse desígnio sinistro, que ele supõe seu direito e considera justa reparação de um agravo?

Nas dobras desse futuro sombrio, o espírito mais firme se desvaira. Melhor é distraí-lo de semelhante perspectiva.

Ainda outro algarismo, que vem depor como testemunha neste processo da emancipação precoce. Em 1850, a

não procedeu ao recenseamento regular de sua população, tanto livre como escrava, até 1872. Estima-se, entretanto, que havia no país quase dois milhões de cativos em 1850, ano da supressão definitiva do tráfico negreiro, e não 3.250.000, cifra que José de Alencar aproveita para fundamentar o argumento do desequilíbrio demográfico.

[4] Leia-se: vinte e um milhões.

[5] *Sopitar*: refrear.

escravatura dos Estados Unidos se distribuía por 347.525 possuidores. Desse número, apenas 7.929 possuíam mais de cinquenta escravos; entretanto que os proprietários de um até dez escravos montavam a 254.268.

No Brasil não se levantou ainda, que eu saiba, qualquer estatística acerca deste objeto. Pretende-se legislar sobre o desconhecido, absurdo semelhante ao de construir no ar, sem base nem apoio. Alguns fatos, porém, muito salientes, que por si mesmos se manifestam independentes de investigação, podem fornecer dados para um paralelo, embora imperfeito.

É incontestável que a máxima parte de nossa escravatura se concentrou, depois da extinção do tráfico, nas províncias do Rio de Janeiro, São Paulo, Minas, Rio Grande do Sul, Bahia e Pernambuco. Pode-se afirmar que nesta área está atualmente circunscrito esse elemento do trabalho em nosso país.

A proporção local de um terço deve, pois, dilatar-se nestas seis províncias, à medida que se restringe em outras, de onde com o tempo foi emigrando a escravatura. Com efeito, se em nove províncias, Amazonas, Pará, Piauí, Ceará, Rio Grande do Norte, Paraíba, S. Catarina, Goiás e Mato Grosso, cujas informações estatísticas discriminam a condição, há anos passados um cativo correspondia, termo médio, a 10 habitantes, atualmente maior deve ser a diferença. Pode-se, pois, conjeturar que naquela área onde se condensou o elemento servil, as duas populações estejam ao menos em justa equação. A respeito da província de S. Pedro, já em 1848 a presidência o afirmava.

Estes cálculos assentam nas melhores informações que possuímos sobre a população do império. Recentemente um trabalho recomendável, publicado a propósito da exposição universal, elevando a população livre do Brasil a 11.780.000 habitantes, reduziu a escrava ao mesquinho algarismo de 1.400.000.[6] Só a província do Rio de Janeiro tem aquele número ou quase.

Parece-me nocivo esse desejo de encobrir a verdade ao estrangeiro. Podem perguntar-nos o que fizemos de 3.250.000 escravos que possuíamos em 1850 e do seu acrescimento natural de um terço ou 1.083.333. Onde estariam os 2.933.333 infelizes, que não alforriamos nem exportamos?

Eis o perigo da simulação; ela apresentaria o cativeiro de nosso país sob um aspecto bárbaro e deletério; assanharia as iras filantrópicas dos sábios europeus.

Pesa ainda sobre esta situação grave um fato. A pequena lavoura não se desenvolveu em nosso país. Circunstâncias peculiares à agricultura brasileira, exigindo forças consideráveis para o roteio e amanho da terra, obstaram a exploração do solo por capitais diminutos. Os principais ramos de nossa produção, aqueles que provêm quase exclusivamente do braço escravo, saem dos grandes estabelecimentos rurais, engenhos ou fazendas.

Nem sequer, portanto, as duas espécies de população se penetram e intercalam mutuamente, de modo a neutralizar a repulsão instintiva de cada uma. Na área das seis províncias mencionadas, destacam-se aquelas aglomerações de escravos que solvem a continuidade da outra

[6]Referência ao livro *Imperio do Brazil na Exposição Universal de 1867 em Paris*. Rio de Janeiro: Laemmert, 1867. Segundo o bibliófilo Inocêncio Francisco Silva, a obra foi redigida por Luiz Pedreira do Couto Ferraz e José Ildefonso de Souza Ramos. Cf. Innocencio F. Silva. *Diccionario Bibliographico Portuguez*. Lisboa: Imprensa Nacional, 22 vols., v. x, 1883, pp. 61–62. Vale notar que Couto Ferraz era pessoalmente próximo do Imperador, enquanto Souza Ramos integrava o gabinete da Liga Progressista.

casta; e formam núcleos poderosos de insurreição, comprimidos unicamente pelo respeito da instituição.

Rompa-se este freio, e um sopro bastará para desencadear a guerra social, de todas as guerras a mais rancorosa e medonha.

Julgais que seja uma glória para vosso reinado, senhor, lançar o império sobre um vulcão? Ainda quando a Providência, que tem velado sobre os destinos de nossa pátria, a tirasse incólume de semelhante voragem, nem por isso fora menos grave a culpa dos promotores da grande calamidade.

III

Determinar os efeitos reais dos atos de abolição que sucederam-se desde fins do século passado até estes últimos anos me parece um estudo importante para a solução do difícil problema da escravidão.

Os primeiros estados que deram o exemplo dessa medida foram Pensilvânia e Massachusetts em 1780, decretando a emancipação gradual. Mais seis estados acompanharam aquela iniciativa a pequena distância. Em 1820, o censo manifestou que a escravidão estava completamente extinta nessa parte da confederação.

Entretanto, o número dos escravos da União que em 1790, ponto culminante do período abolicionista, era de 693.397, apresentava naquela data da extinção, em 1820, o algarismo enorme de 1.536.127. Em trinta anos tinha a escravatura mais que duplicado, e sob a influência de medidas repressivas, como a proibição do tráfico e a emancipação.

O movimento abolicionista estendeu-se pelas repúblicas americanas: Buenos Aires em 1816; Colômbia e Chile em 1826; Bolívia em 1826; Peru, Guatemala e Montevidéu em 1828; México em 1829; Uruguai em 1843; finalmente a Inglaterra em 1833 e a França em 1848 para suas colônias. Tantos golpes sucessivos desfechados na escravatura, parece que deviam reduzi-la imenso.

Pois a estatística demonstra o contrário. Nesse período de cinquenta anos a soma dos cativos foi constantemente crescendo. No princípio deste século pouco mais havia de dois milhões de escravos em toda a superfície da América; em 1850 orçava o número por sete milhões e meio, dos quais o maior quinhão pertencia ao Brasil e aos Estados Unidos! [7]

Explica-se naturalmente esta aparente anomalia, que tanto acabrunhava a sociedade abolicionista. A escravidão ainda não estava morta; os esforços dos diferentes governos para extirpá-la da América eram impotentes. Conseguiram apenas deslocar o trabalho servil.

Quando os estados da União decretaram a extinção gradual, a escravidão refugiou-se naturalmente nos estados próximos onde era mantida; e ali se propagou de modo a invadir o território que dela estava isento. Se o norte da União não tivesse margem por onde escoar-se a sua população escrava, talvez que a visse refluir sobre si, como aconteceu com a Carolina.

O mesmo serviço prestou o sul da União ao México, assim como as colônias de Espanha, França e Inglaterra às repúblicas vizinhas. Advirta-se que nestas, não existindo uma agricultura regular, a escravatura era insignificante no tempo da abolição. De passagem mencionarei uma circunstância digna de séria meditação. Todas as repúblicas

[7] O raciocínio de Alencar procede. Na primeira metade do século XIX, o número absoluto de escravos negros cresceu na América, e isso se deveu apenas a Cuba, ao Brasil e aos Estados Unidos, já que a instituição declinara ou desaparecera nos demais países; ressalve-se, no entanto, que o número real de cativos, em 1850, montava a cerca de 5,7 milhões.

abolicionistas foram dilaceradas pela anarquia; enquanto o Brasil se organizava com uma prudência e circunspecção admirável.

Não só pela intensidade e volume ganhou a escravidão com aqueles atos de abolição; mas também no princípio e substância. Moral como economicamente, a instituição triunfou de seus adversários; sobretudo, depois dos dois últimos fatos, das colônias inglesas e francesas.

O tráfico anteriormente frouxo, por causa da superabundância de braços, desenvolveu-se rapidamente desde 1833; e lançou no Brasil e Cuba milhões de africanos. Por outro lado, a instituição se enraizou ainda mais profundamente nos países onde não a atingira o movimento abolicionista.

Nos Estados Unidos não perdurara ela por tantos anos, a despeito da superioridade industrial e numérica do norte e do fervor da propaganda abolicionista, se não fosse a preponderância que assumira nos espíritos, depois das últimas e infelizes tentativas. Também no Brasil há muito tempo que a obra da emancipação se adiantara, sem a convicção gerada por aqueles acontecimentos da necessidade indeclinável do braço africano para a agricultura colonial.

Uma verdade ficou bem averiguada.

Como todas as instituições sociais que têm radicação profunda na história do mundo e se prendem à natureza humana, a escravidão não se extingue por ato de poder; e sim pela caducidade moral, pela revolução lenta e soturna das ideias. É preciso que seque a raiz, para faltar às ideias a seiva nutritiva.

E de onde principalmente derivava para a escravidão essa linfa e substância?

Bem o sabeis, senhor. Da Europa, e com especialidade de Inglaterra, França e Alemanha, tão abundantes de filantropos como de consumidores dos nossos produtos. Não fomos nós, povos americanos, que importamos o negro da África para derrubar as matas e laborar a terra; mas aqueles que hoje nos lançam o apodo e o estigma por causa do trabalho escravo.

Sem esse enorme estômago, chamado Europa, que anualmente digere aos milhões de gêneros coloniais, a escravidão não regurgitaria na América, nem resistira à repugnância natural dos filhos deste continente. Mas era preciso alimentar o colosso; e satisfazer o apetite voraz do grande sibarita.[8]

O filantropo europeu, entre a fumaça do bom tabaco de Havana e da taça do excelente café do Brasil, se enleva em suas utopias humanitárias e arroja contra estes países uma aluvião de injúrias pelo ato de manterem o trabalho servil. Mas por que não repele o moralista com asco estes frutos do braço africano?

Em sua teoria, a bebida aromática, a especiaria, o açúcar e o delicioso tabaco são o sangue e a medula do escravo. Não obstante, ele os saboreia. Sua filantropia não suporta esse pequeno sacrifício de um gozo requintado; e, contudo, exige dos países produtores que em homenagem à utopia arruínem sua indústria e ameacem a sociedade de uma sublevação.

Neles desculpa-se. É fácil e cômoda a filantropia que se fabrica em gabinete elegante, longe dos acontecimentos e fora do alcance da catástrofe porventura suscitada pela imprudente reforma.

Mas não se compreende, senhor, que brasileiros acompanhem a propaganda; e estejam brandindo o facho em torno da mina.

[8] *Sibarita*: indivíduo dado aos prazeres dos sentidos e à indolência.

IV

A razão social convence os abolicionistas da necessidade de deixar a instituição da escravatura preencher seu tempo e extinguir-se naturalmente pela revolução das ideias.

Mas, refratários à própria consciência, buscam eximir-se à verdade. Alegam que, abandonada a si mesma e aos instintos humanos, será eterna; porque os hábitos de indolência que ela cria na casta dominante e a ignorância em que vai sepultando a casta servil são novas raízes que a instituição de dia em dia projeta no solo onde uma vez brotou.

Não se pode caluniar mais cruelmente a humanidade, senhor. Admira que espíritos possuídos de uma ideia tão degradante da criatura racional se arroubem em sonhos de um progresso instantâneo. É pedir muito ao ente, de que se faz tão miserável conceito.

Se houvesse uma raça infeliz, capaz de permanecer eternamente na escravidão pelo fato de não consentir a outra em emancipá-la; então seria um princípio social aquele absurdo outrora sustentado, da fatalidade da instituição e desigualdade das castas. Não há porém contestar, todo povo, toda família humana, acaba cedo ou tarde por conquistar a liberdade, como a ave implume por devassar o espaço.

É a Europa o melhor exemplo dessa verdade a respeito da escravidão moderna. Não se extinguiu o fato nesse continente antes de ab-rogada a lei? Não chegou a instituição ao seu termo fatal, apesar da pretensa indolência e da ignorância difundida na população?

No Brasil mesmo, a despeito da suprema necessidade que mantém esse mau regime de trabalho, já penetrou na classe proprietária a convicção da injustiça absoluta do seu domínio. Um espírito de tolerância e generosidade, próprio do caráter brasileiro, desde muito que transforma sensivelmente a instituição. Pode-se afirmar que não temos já a verdadeira escravidão, porém um simples usufruto da liberdade, ou talvez uma locação de serviços contratados implicitamente entre o senhor e o estado como tutor do incapaz.

A lei de nosso país considera o escravo como coisa ainda; porém, o costume, a razão pública, mais poderosa que todas as leis escritas, pois é a lima que as vai gastando a todas e cinzelando as novas; a razão pública já elevou o cativo entre nós à condição de homem, embora interdito e sujeito.

O primeiro direito da pessoa, a propriedade, o escravo brasileiro não só o tem, como o exerce. Permite-lhe o senhor a aquisição do pecúlio, a exploração das pequenas indústrias ao nível de sua capacidade. Com esse produto de seu trabalho e economia, rime-se ele do cativeiro: emancipa-se e entra na sociedade. Aí, nenhum prejuízo de casta detrai seu impulso: um espírito franco e liberal o acolhe e estimula.

O mais sagrado dos contratos civis, o matrimônio, também está ao alcance do escravo em nosso país. Ele forma sua família; o senhor a respeita e a garante. A moralidade que falta ainda não provém da escravidão, mas da ignorância peculiar às classes ínfimas. Nesse ponto a lia social, ingênua ou cativa, se confunde.

Embora todas estas garantias se tenham estabelecido fora da lei, contudo a opinião, que de dia em dia robustece, as mantém e consolida. Se a cobiça ou perversidade pesa alguma vez com o rigor do direito sobre um infeliz, a indignação pública imediatamente corrige o desmando.

Os atos de caridade praticados frequentemente em

nosso país, para arrancar ao cativeiro vítimas da brutalidade e obstar que se rompa o vínculo de família por um fracionamento inevitável de propriedade são brados contra os moralistas, detratores da sociedade brasileira.

Que exprime, que revela essa transformação benéfica da escravidão no Brasil, especialmente nos últimos quinze anos?

Não estão aí bem patentes os sinais da decrepitude, os indícios do declínio rápido dessa instituição em nossa pátria? Não lobrigam já nos longes do horizonte os espíritos de vista larga a alva de uma completa redenção; luz serena que surge naturalmente e mais propícia do que o clarão avermelhado de um incêndio?

A decadência da escravidão é um fato natural, como foi a sua origem e desenvolvimento. Nenhuma lei a decretou; nenhuma pode derrogá-la. Se a abafarem ainda vivaz, bem pode ser que só consigam concentrar-lhe as forças para maior reação.

Não é menos injusta a outra imputação feita à humanidade de que o cativeiro não lima as raças bárbaras nem lhes infiltra os raios da civilização.

Uma raça não se educa e instrui como um indivíduo.

Este é uma partícula destacada que, submetida à ação múltipla de uma vasta civilização representada pela generalidade dos habitantes, depressa se lapida. A raça, porém, é massa compacta, que ocupa larga superfície e opõe ao progresso forte resistência.

Para educar uma raça, são necessárias duas coisas: grande capacidade e vigor do povo culto para imergir a massa bruta e insinuar-se por todos os poros; longo tempo para que se efetue essa operação lenta e difícil.

A raça africana tem apenas três séculos e meio de cativeiro. Qual foi a raça europeia que fez nesse prazo curto a sua educação? Com idade igual todas elas jaziam imersas na barbaria; entretanto, para os filhos da Nigrícia, já raiou a luz, e raiou na terra do cativeiro.

É a verdade. Essa família do gênero humano, em cuja tez combusta a tradição mais antiga do mundo lê um estigma da maldição divina, e eu vejo apenas o símbolo da treva moral em que havia de perdurar; essa família infeliz esteve sempre condenada ao desprezo e ao animalismo, desde Cam, seu progenitor, até Colombo, que a devia remir descobrindo a América, sua terra de promissão.[9]

Haiti, São Domingos, a Libéria são outras tantas balizas dessa nascente civilização africana bebida no novo mundo, durante a peregrinação. As colônias europeias, que se fundaram na costa da Nigrícia, não tiveram outra origem senão o tráfico, umas para o favorecer, outras para o reprimir.

Se algum dia, como é de esperar, a civilização projetar-se pelo continente africano adentro, penetrando os povos da raça negra, a glória desse imenso acontecimento, amargue embora aos filantropos, caberá exclusivamente à escravidão. Foi ela que preparou os precursores negros da liberdade africana.

O Brasil, de que mais especialmente devo ocupar-me, nossa pátria, senhor, não terá concorrido eficazmente para a civilização da grei humana que submeteu a seu domínio?

[9] O parágrafo se refere ao episódio bíblico em que Noé condena um de seus filhos, Cam, ao cativeiro perpétuo: "Maldito seja Canaã [um dos filhos de Cam e, por extensão, toda a sua descendência], que ele seja o último dos escravos de seus irmãos" (Gênesis 9). Na Idade Moderna, os europeus associaram a descendência de Cam aos povos africanos e sua maldição ao cativeiro. No Brasil independente, estadistas evitavam fundar a justificativa da escravidão na Bíblia, preferindo alegações seculares como necessidade econômica, paternalismo senhorial e liberalidade constitucional.

Fora injustiça negá-lo.

Ainda não éramos um império, mas nascente colônia, e já dávamos ao mundo exemplos sublimes. Um herói negro inscrevia seu nome glorioso na história brasileira; seus irmãos o acompanhavam formando esse regimento invencível que, por mais de século, guardou o nome de Henriques, em memória do cabo ilustre.[10] A munificência real e a gratidão pública porfiavam nas honras tributadas a esses bravos.

Desde então, não se enriquecem diariamente as classes mais distintas de nossa sociedade com os talentos e as virtudes dos homens de cor? Se os primeiros negros, que em 1440 foram dados em resgate a Portugal, ficassem nos pátrios areais, não contaria a raça africana entre seus descendentes cidadãos ilustrados, porém só magotes de brutos, como os que feiravam os reis de Congo e de Luanda.

Se nossa população fosse mais compacta; se a imigração tivesse abundantemente nutrido; se não protelasse tanto o ciúme da metrópole nosso tirocínio colonial; os resultados da educação pelo cativeiro seriam ainda mais brilhantes. Teria a raça europeia amplitude bastante para absorver em seu seio a escravatura, disseminar rareando-a por todo o país e, assim, melhor desbastar-lhe a rudez.

Mas, senhor, meio século de tempo e dez milhões de habitantes para este imenso império, o que são?

[10] Referência a Henrique Dias (?–1662), colono negro que lutou na guerra de resistência dos pernambucanos contra o domínio da República dos Países Baixos sobre o norte da América Portuguesa (1630–1654). Recebeu o título de fidalgo e o Hábito da Ordem de Cristo, entre outras condecorações. No século XIX, além de Alencar, o deputado Cunha Matos o mencionou numa sistemática defesa do tráfico negreiro, em 1827; e Joaquim Caetano Fernandes Pinheiro, autor de uma justificativa da escravidão de 1871, chegou a compor uma pequena biografia encomiástica de Henrique Dias, a quem chamou herói.

Um átomo no espaço; um bochecho de água no oceano.

Nada mais.

Destes exemplos suculentos se nutre a minha profunda convicção da natural e não remota extinção da escravidão em nosso país.

A época precisa não é dado ao publicista averiguar, e ainda menos ao legislador decretá-la. Depende do incremento da população, que é o princípio regulador da origem, como do termo da instituição.

Povos guerreiros, mas escassos, serviram-se da escravidão como uma leva de operários e um aumento artificial de população. À medida que avultava o número dos habitantes livres, o cativeiro foi decaindo. Em chegando a absorção, o escravo torna-se traste de luxo, de instrumento industrial que era. Nesse período extremo, o odioso envolve a instituição e a sufoca. O labéu então reverte-se para o senhor; a infâmia é para esse título desprezível.

Quando o nível da população livre sobre a escrava se elevar consideravelmente, de modo que esta fique submersa naquela, a escravidão se extinguirá logicamente no Brasil. Ela entrará naquela fase de luxo e aversão. Até então, porém, é um elemento essencial do trabalho neste vasto país.

20 de julho de 1867
Erasmo

QUARTA CARTA

sobre a emancipação

Senhor

I

Não estranhareis, senhor, que me alongue em assunto de si tão vasto.

Livros, não cartas, reclamava seu completo desenvolvimento. Mas, se em outro tempo faliam-me as forças para tal empenho, mingua a vontade agora. Já não tenho espírito para o estudo, pois tudo é presa da aflição e tristeza nestes dias de tribulação.

Permiti-me, pois, que discorra à discrição da ideia.

O nível da população livre sobe pelo aumento desta, como pela redução da escravatura.

Esta redução motiva um dos aleives[1] levantados pelos filantropos contra a instituição. Dizem que a espécie humana não se multiplica no cativeiro; nobreza que partilham algumas espécies irracionais. A comparação basta para espancar o sofisma. A vida selvagem e a poligamia deviam ser para o gênero humano, como para o animal, o estado mais prolífico.

Que a escravidão fosse estéril no Oriente, onde se mutilavam os homens e arrebanhavam as mulheres em serralhos, não se contesta. Mas na América, onde a raça africana, longe de degenerar, ao contrário, se temperou sob

[1]*Aleive*: calúnia.

a influência de um clima suave; negar a sua espantosa reprodução seria uma cegueira pertinaz.

Quem ignora a indústria da criação de escravos que tamanho desenvolvimento alcançou nos Estados Unidos e abasteceu exclusivamente desde o princípio deste século o mercado do sul? O tráfico foi ali insignificante desde 1808; a maior importação, a que se fez depois de 1843 para o Texas, essa mesma não avultou.

Entretanto, a marcha ascendente da escravatura americana sobe nesta escala admirável.

Em 1790, a existência era de 693.397. Em 1800, de 892.400, crescimento de 28%. Em 1810, de 1.190.930, crescimento de 33%. Em 1820, de 1.536.127, crescimento de 29%. Em 1830, de 2.007.913, crescimento de 31%. Em 1840, de 2.486.138, crescimento de 24%. Em 1850, de 3.178.055, crescimento de 29%.

Onde se viu uma espantosa reprodução da espécie humana?

O menor período para a duplicação da população europeia é de 34 anos, em Baden.[2] Na mesma União americana, a população do Norte, apesar dos subsídios importantes da imigração, só dobra por quartéis de século.

O Brasil não tem estatística, para que os números, inflexíveis dialéticos, exibam a mesma irrefragável evidência da vasta reprodução da raça africana. Mas cada um de nós tem a prova no seu lar, que povoam as crias, não obstante o mau vezo das mães nas grandes cidades.

De resto, cumpre advertir em uma circunstância. A licença dos costumes prepondera na escravatura, como nas classes ínfimas da sociedade, que vivem com ela confundidas. Na parte livre, porém, os frutos dessa desordem

[2] Antigo Arquiducado de Baden, hoje pertencente à Alemanha.

acrescem; enquanto escapam à parte escrava. O vigor prolífico do homem cativo não aproveita à sua casta; o da mulher mesmo, em larga porção, entra na população livre ou pelas casas de expostos e alforrias no batismo ou pelo resgate frequente do pai ingênuo.

Tranquilizem-se os filantropos; a escravidão no Brasil não esteriliza a raça nem a dizima. A redução provém desses escoamentos naturais, que se operam pela generosidade do senhor, pela liberdade do ventre e também pela remissão. Diariamente, esses meios se desenvolvem à medida que sobe o nível da civilização com o aumento da classe livre.

Dois são os modos de incremento para a população livre, a geração e a acessão. Limitada ao primeiro unicamente, só tarde conseguira ela atingir a capacidade necessária para absorver a escravatura ou preencher o vácuo deixado por esta. É necessário que a coadjuve o segundo meio, a acessão, ou incorporação de população estranha.

Essa incorporação pode ser de castas estranhas já existentes no país, mas separadas por sua barbaria e condição. Neste caso estão as hordas selvagens dos indígenas que vagam em Amazonas, Mato Grosso, Goiás e outras províncias; e também a parte emancipada da casta servil, que se anexa e assimila ao todo da população.

A maior acessão de habitantes, depois que se desenvolveram as vias de comunicação e a Europa regurgita de população, é sem dúvida a emigração. Foi ela que pôs termo à escravidão nos Estados Unidos e há de operar a mesma revolução no Brasil. Sem esse transbordamento do mundo antigo; sem essa locomoção das massas que a indústria facilita; o braço servil teria de laborar por muitos séculos a América.

A emigração é a grande artéria que despeja novo sangue vigoroso no organismo do país enervado pelo trabalho escravo. É ela que restabelece o temperamento da população e lhe restitui a robustez.

Notai, senhor, que eu falo da emigração, e não da colonização: tão fecunda é aquela, quanto estéril esta. A colonização, se escapa de uma especulação escandalosa, degenera em servidão, opressiva como a escravidão e mais turbulenta do que ela; já a chamaram, em com justiça, escravidão branca.[5]

A propósito da emigração, quero apresentar-vos, senhor, uma consideração triste.

Filhos da velhice de um povo, educados neste canto do mundo sem ar e sem luz, sem o ar da liberdade e a luz da civilização; conquistamos nossa independência em 1823, quinze anos apenas depois que cessou a nossa clausura com a franquia dos portos ao estrangeiro.

Entrando na sociedade das nações, tomamos logo, do primeiro passo, lugar entre as mais livres. Ainda na fase agitada da organização, conseguimos não obstante desenvolver nossos recursos e trilhar a senda do progresso. Enquanto, em torno de nós, as repúblicas de origem espanhola eram dilaceradas pela anarquia, o império se consolidava pelo trabalho.

As provas de honestidade que deu o país nascente no instante de sua emancipação, indenizando Portugal de uma parte de sua dívida, não se desmentiram. Apesar das perturbações inevitáveis de suas finanças mal organi-

[5]Havia pelo menos dois projetos para a chegada de trabalhadores livres ao Brasil: imigração espontânea de pequenos proprietários rurais mediante concessão de lotes de terra e colonização subsidiada de trabalhadores rurais para as grandes fazendas. Antes da crise mundial da escravidão, muitos conservadores (Alencar inclusive) previam o convívio entre grandes unidades produtoras escravistas e pequenas propriedades de imigrantes.

zadas, o Brasil foi sempre um estado probo, que honrava sua firma nas praças da Europa.

Um espírito liberal a respeito da nacionalidade animava o povo brasileiro e sua legislação. Oferecemos hospitalidade cordial a todas as religiões, como a todas as escolas; e isso no tempo em que estas ideias de liberdade e tolerância não eram aceitas por muitos dos principais países da Europa. A naturalização dependia de fácil processo; e a constituição (art. 6, §1º), hoje infelizmente interpretada, nacionalizava a prole do residente estrangeiro.[4]

Entretanto, senhor, que fazia a Europa enquanto envidávamos esforços para mostrar-nos dignos da civilização? Enviava-nos acaso as sobras de sua população industriosa, à mingua de recursos, para coadjuvar a obra de nosso desenvolvimento, fartando-se na abundância deste solo?

Oh! que não! Prescindindo de nossos irmãos de origem, os portugueses, que vinham trazidos por tantas afinidades; só apareciam no Brasil de outras nações certo número limitado de comerciantes, que estacionavam na cidade, e alguns viajantes, que retribuíam nossa cordial hospitalidade com a maledicência. Parva satisfação de ridicularizar uma sociedade infantil, como se as crianças nascessem falando; e os povos, já civilizados.

A Germânia, essa grande fábrica de homens, *humani generis officinam*,[5] como a chamou Jornandez, arrojava a

[4]Trata-se do artigo constitucional que concedia cidadania aos filhos de libertos e de estrangeiros, quando nascidos no Brasil. Na década de 1860, por reclamação de outros governos, o Império permitiu que os filhos de estrangeiros não se tornassem imediatamente cidadãos brasileiros. Daí a reclamação de Alencar.

[5]"Fábrica do gênero humano", frase provavelmente extraída de Montesquieu, *L'Esprit des lois*, XVII, cap. 5, onde se lê citação de Jornandez,

aluvião de sua raça opulenta para a América do Norte. O Brasil, se quis, teve de pagar bem caro alguns centos de colonos, que não indenizaram com seu trabalho o mal que fizeram a nossa reputação suas queixas injustas.

Que decepções temos sofrido, senhor. O homem do norte, o puro saxônio, o atleta da indústria, portento de atividade, em aportando ao Brasil, parece que perde seu espantoso vigor e cai numa prostração incompreensível! Para fazer desse indivíduo um trabalhador, é preciso agasalhá-lo bem, abrir-lhe boas estradas para que penetre no interior e ali preparar-lhe a casa com todos os aprestos necessários a uma cômoda existência.

Entretanto, o filho da raça latina, o explorador português, nos tempos coloniais, arrojava-se destemidamente ao deserto; levava consigo não somente seu caminho, que ele abria através da floresta; como sua casa, que levantava com algumas palmeiras no lugar escolhido. Assim foram criadas as nossas povoações do interior.

Dirão que havia na América do Norte muitas atrações para chamar os europeus: a língua, a índole, a religião, os usos. Não o contestamos. A emigração é uma corrente entre a Europa e a América. São baldados os esforços para desviar seu primeiro curso antes do prazo. Quando os Estados Unidos abarrotarem de população, o Brasil receberá os transbordamentos.

Mas, se não nos arrogamos o direito de pedir contas à Europa do destino de sua emigração e do vácuo imenso que deixa neste império; se nos resignamos a caminhar gradualmente com os subsídios do nosso velho Portugal;

historiador do século v que escreveu *De origine actibusque getarum* (Sobre a origem e os feitos dos godos). Cumpre notar que as *Novas cartas políticas* usam *L'Esprit des lois* sem admitir uma de suas ideias capitais, isto é, que o clima condiciona as formas de trabalho no mundo.

parece que devíamos estar isentos dos reproches da filantropia europeia a respeito da escravidão.

Com efeito, quem manteve a escravidão no Brasil desde a nossa independência? Quem desenvolveu o tráfico depois de 1835? Quem especialmente, depois da extinção daquele comércio ilícito em 1852, conservou o trabalho escravo em nosso país?

A Europa, e somente a Europa. É a verdade, senhor; e eu sinto não ter uma dessas vozes que o gênio faz estrondosa, para repercutir bem longe, no seio do velho mundo, velho moralista à guisa de Epicuro.[6]

Se aquele grande viveiro de gente houvesse nestes últimos quinze anos enviado ao Brasil um subsídio anual de sessenta mil emigrantes, número muito inferior à imigração americana, a escravidão teria cessado neste país. Venha ainda agora esta torrente de população e, em vinte anos mais ou menos, afirmo que o trabalho escravo estará extinto no império, sem lei abolicionista, sem comoção nem violência.

Prevejo o subterfúgio por onde se hão de escapar. Dizem que a escravatura repele a imigração branca; e citam o exemplo dos estados do Norte da União Americana em paralelo com os do sul. Erro completo. A avultada imigração daquela parte da Confederação foi causa e não efeito da abolição da escravatura. A teoria da repulsão do trabalho livre pelo escravo é um grande absurdo. Vale o mesmo que a torrente, força ativa e enérgica, dizer à terra, à resistência inerte — "retirai-vos que eu quero passar". A onda cava e abre seu álveo; é o que faz o trabalho livre em

[6]Alusão ao filósofo grego Epicuro (341–270 a.C.), que, no trecho, metaforiza o modo de vida europeu, profundamente hipócrita e cujo fim é a busca dos prazeres da vida.

 país de escravos. Assim já vai sucedendo no Amazonas, Ceará, Rio Grande do Norte e outras províncias.

Portanto, em vez de consumir seu tempo a caluniar nossas intenções e deprimir os costumes brasileiros, melhor promovera a filantropia europeia suas vistas humanitárias, ocupando-se em desvanecer as injustas prevenções levantadas contra o império americano.

Não é ao monarca do Brasil, a vós, senhor, que se devia dirigir a sociedade abolicionista de França:[7] a causa moral e econômica do trabalho livre está ganha há muito tempo em vosso espírito e coração, como na consciência de vosso povo. A aplicação é somente o que falta, para a tornar uma realidade neste país.

Se o Sr. Laboulaye[8] visitasse o Brasil, havia de palpar esta verdade.

Não depende de nós, que não fabricamos população, mas dos emigrantes unicamente, a aplicação do trabalho livre no Brasil. A eles, pois, aos europeus convença a sociedade abolicionista da necessidade de buscarem nosso país, a fim de aliviar a humanidade da pecha da escravidão. Estabeleçam a propaganda neste sentido: mostrem ao interesse individual o império como ele é e darão ao grande princípio da liberdade um triunfo generoso e incruento. A escravidão cairá sem arrastar à miséria e à anarquia uma nação jovem.

[7]Em 1866, após o fim da escravidão no sul dos Estados Unidos, o *Comité Français d'Émancipation* enviou ao Império do Brasil uma carta pedindo ao país providências para erradicar o cativeiro. Sob ordens de D. Pedro II, o gabinete da Liga Progressista subscreveu resposta que prometia resolver o problema o mais rápido possível. O anúncio provocou grande repercussão no Império.

[8]Edouard Lefebvre de Laboulaye (1811–1883), jurista, político e membro do *Comité Français d'Émancipation*. Ocupou a presidência da organização e foi um dos signatários da petição enviada ao Império em 1866, rogando o fim da escravidão no país.

XI

Há um terror pânico da unanimidade, que assalta os espíritos fracos.

Essa resistência da unidade contra a multidão os apavora e acabrunha. Abatem suas convicções à pressão da totalidade; e deixam-se arrastar atados à cauda do prejuízo, como da verdade.

A causa da emancipação em nosso país fez caminho rápido por este meio, graças àquele pânico. Muitos espíritos se assustaram seriamente com a ideia de que o Brasil era atualmente o único país onde a escravidão existia no seio mesmo da pátria, sem o caráter colonial; e, brevemente, seria talvez o único onde vivesse uma instituição universalmente execrada.[9]

Esta ideia, bem ataviada pelos filantropos, devia comover o ânimo nacional. Nenhum povo brioso consentiria em ficar na última fila das nações cultas, quase confundido com os estados semibárbaros do Oriente, objeto de aversão para a humanidade. No desígnio de resguardar-se de semelhante humilhação, ninguém, homem ou povo, hesitaria em sujeitar-se aos maiores sacrifícios.

Será verdade, porém, senhor, que a escravidão, reduzida exclusivamente ao Brasil, o arraste àquela posição aviltante? Daremos nós prova de barbaria e iniquidade

[9] O autor faz menção ao fim da escravidão nos Estados Unidos (1865), que surtiu da Guerra de Secessão (1861–1865), e ao início das atividades abolicionistas na Espanha contra o cativeiro nas ilhas coloniais de Cuba e de Porto Rico. Com a abolição nos Estados Unidos, a principal potência escravista no século XIX, Cuba, Porto Rico e Brasil passaram a ser os únicos lugares que abrigavam a instituição. Sem condições de impor ao cenário internacional a aceitação do cativeiro, como fazia a república norte-americana, o império espanhol e o Brasil procederam ao processo legislativo de emancipação quase ao mesmo tempo, que resultou, respectivamente, na Lei Moret (1870) e na Lei Rio Branco (1871).

mantendo a instituição apesar de sua completa abolição no resto do mundo?

Decididamente, não.

Antes de qualquer consideração, não se esqueça a natureza da escravidão em nosso país, tal como a fizeram, acinte da lei, os costumes nacionais e a boa índole brasileira.

Os Estados Unidos, nação poderosa, com perto de um século de existência política, e um desenvolvimento espantoso da indústria, só agora conseguiram extirpar o trabalho escravo do sul de seus estados. As mais poderosas nações da Europa, Inglaterra e França, grandes já quando estávamos no limbo do desconhecido, só neste século, e no segundo quartel, obtiveram purgar suas colônias do elemento servil.

Ao Brasil, pois, é que se há de estranhar a demora neste supremo esforço, quando ainda está ele na infância, contando apenas quarenta e quatro anos de existência política, depois de três séculos de isolamento e abandono?

Tanto vale escarnecer da criança porque não se tornou homem ainda!

Não temo, senhor, para nossa pátria, que lhe venha desonra de conservar a escravidão por algum tempo ainda, depois de geralmente abolida. Seremos os últimos a emancipar-nos dessa necessidade; mas há quem possa atirar-nos a pedra por esse pecado da civilização?

Se esse povo existe, de consciência limpa, ele que se levante.

Será acaso a França?

Não é possível. A França, que aboliu a escravidão de suas colônias em fins do século passado, no momento em que fazia ao mundo a pomposa declaração dos direitos do homem, retratou-se restabelecendo-a poucos anos depois, para só extingui-la em 1848; a França não tem o direito de levantar a voz neste assunto. Conservar escravo o homem que nasceu tal é uma instituição; reduzir à escravidão pessoa livre é um crime.[10]

Será acaso a Inglaterra?

Oh! Essa menos que nenhuma outra! À soberba indignação britânica, permiti-me opor a palavra sensata de um homem ilustre, que, se foi mau político, em sentimentos cristãos ninguém o excedeu. Chateaubriand, defendendo sua pátria contra a filantropia inglesa, como eu agora defendo a minha contra a filantropia francesa, escreveu o seguinte:

"A Inglaterra tinha medo que o tráfico de africanos, a que ela renunciara com pesar, caísse nas mãos de outra nação; queria forçar França, Espanha, Portugal e Holanda a mudar subitamente o regime de suas colônias, sem indagar se estes estados haviam chegado ao grau de preparação moral em que se podia dar liberdade aos negros, abandonando, ao contrário, à graça de Deus a propriedade e a vida dos brancos."[11]

Em seguida, recorda como todos os torys ilustres, Londonderry, Wellington, Canning, durante trinta anos

[10]O autor se remete à primeira abolição da escravidão no império francês, decretada pela Convenção francesa em fevereiro de 1794. A medida foi tomada na esteira do maior levante de escravos da história, em Saint Domingue (atual Haiti), então colônia francesa e o primeiro produtor mundial de açúcar. Em 1802, Napoleão despachou tropas para a ilha a fim de restabelecer o cativeiro e, com isso, aumentar a arrecadação do Estado francês. Daí a acusação "reduzir à escravidão pessoa livre é um crime". Os ex-escravos resistiram ao exército metropolitano e decretaram a independência política da ilha em 1804, a segunda de todo o continente americano, posterior apenas à dos Estados Unidos (1776).

[11]Frase extraída da já citada obra de Chateaubriand, *Congrès de Verone*, p. 78.

adversários firmes da moção de Wilberforce;[12] de repente se haviam eletrizado pela liberdade dos africanos; porque essa liberdade era a ruína completa das colônias e navegação das nações marítimas, suas competidoras. O egoísmo se embuçara com a filantropia.

A Inglaterra, que no tempo de Cromwell[13] tolerou a venda de escravos brancos na América;[14] e ainda hoje admite o chicote como instrumento de castigo em sua marinha, depois de haver proibido no art. 17 do bill abolicionista de 28 de agosto de 1833, a respeito do negro, essa pena "que degrada a dignidade humana"; a Inglaterra devia rasgar quanto antes o bill Aberdeen,[15] que é antes uma nódoa viva no seu passado do que uma prepotência contra uma nação fraca.

[12]Referência, respectivamente, a Robert Stewert (visconde de Castlereagh e marquês de Londonderry), a Arthur Wellesley (duque Wellington) e a George Canning, todos eles políticos conservadores proeminentes no início do século XIX. William Wilbeforce foi membro do Parlamento britânico, onde pregou ostensivamente ideias moderadas do movimento abolicionista desde a década de 1790. Apoiou tanto a supressão do tráfico negreiro (1807) como a abolição da escravidão (aprovada em 1833).

[13]Oliver Cromwell, que governou a Inglaterra revolucionária de 1653 a 1658.

[14]Afirmação provavelmente extraída de Chateaubriand, *Congrès de Verone*, p. 79. O sistema de trabalho forçado de brancos pobres nas colônias inglesas e francesas ("indenture labour" ou "engagement") ascendeu na primeira metade do século XVII, mas declinou assim que o sistema escravista e o tráfico negreiro se consolidaram. O parágrafo alude à venda milhares de católicos irlandeses à América Inglesa, no contexto dos conflitos religiosos da Revolução Inglesa.

[15]O bill Aberdeen (1845) previa prisão unilateral de barcos brasileiros envolvidos no tráfico negreiro e seu julgamento em tribunais britânicos. De 1849 a 1851, a Inglaterra estendeu sua aplicação às águas territoriais do Império, provocando um estado de guerra virtual no que talvez tenha sido o pior impasse diplomático da história brasileira. O resultado imediato foi a supressão definitiva do contrabando (1850), mas a Inglaterra só revogou o bill Aberdeen em 1869, após a Guerra Civil selar o destino mundial da escravidão.

Se estas duas nações não podem lançar-nos a pedra, menos qualquer outra da Europa. O velho mundo tem em seu próprio seio um cancro hediondo que lhe rói as entranhas: é o pauperismo. O aspecto repugnante desta miséria em que jaz a última classe da sociedade, a degradação dessas manadas brutas, apinhadas em esterquilínios;[16] rebaixa e avilta a humanidade mais do que a antiga escravidão.[17]

Valem-se os filantropos, apanhados em flagrante, da liberdade e encarecem este dom além da realidade. Se a independência fosse o destino do homem, o selvagem seria o mais civilizado e próximo da perfeição. A liberdade é o meio, um direito; o fim é a felicidade, e desta o escravo brasileiro tem um quinhão, que não é dado sonhar ao proletário europeu. De que serve ao pária da civilização a liberdade que a lei consagra por escárnio, quando a sociedade a anula fatalmente por sua organização criando a opressão da miséria?

Se não há na Europa, devorada em suas entranhas, haverá acaso na América povo que nos lance a pedra?

Porventura os Estados Unidos orgulhosos da recente abolição? Não creio. Era preciso esquecerem as atrocidades ali cometidas contra os escravos; as caçadas de negros a dente de cão; os prejuízos selvagens de raça; enfim, todo esse cortejo odioso da escravatura americana,

[16]*Esterquilínio*: local em que se deposita esterco.

[17]A comparação do cativeiro com outras manifestações sociais — operariado, campesinato, pobreza — constituía argumento dileto de pró-escravistas norte-americanos. Fazê-la era uma maneira de tornar ecumênica a desigualdade social, da qual a escravidão seria apenas um exemplo particular. No Brasil, a estratégia foi empregada em momentos críticos para a instituição, como os debates de 1827 sobre a convenção anglo-brasileira que previa o fim do tráfico, as discussões que o bill Aberdeen provocou em 1845, as contendas subsequentes à supressão definitiva do contrabando em 1850 e as controvérsias que surgiram após a crise mundial da escravidão (1865).

da qual por crassa ignorância dividem com o Brasil a responsabilidade.

Os Estados Unidos têm bastante em que se ocupar com o fermento de suas paixões políticas e a aluvião de uma escravatura recentemente liberta; para se darem a utopias filantrópicas, enlevo dos espíritos devolutos.

Serão as repúblicas da América que nos exprobem a conservação da escravatura?

Talvez, porque não podem sofrer a superioridade do império. Abolindo no momento da emancipação o trabalho servil, esses povos embriagados de liberdade sufocaram sua pequena indústria, especialmente sua lavoura rudimentária. A agricultura é um elemento essencialmente conservador; eliminando-o, as repúblicas americanas se abandonaram à anarquia.

Esses países convulsos, laborados pela guerra civil, consumidos pela febre revolucionária, talvez reprochem ao Brasil haver seguido outra direção. De feito, o império, resistindo às seduções da liberdade, preservou sua agricultura. Graças a este esforço pode mostrar-se probo e sisudo, honrando sua firma na Europa; e assegurando a seus filhos uma pátria nobre e digna.

Uma só página da história das repúblicas do centro e sul da América é bastante para calar a voz que se levante aí contra a escravidão no império.

Caminhe, pois, o Brasil desassombrado. Não se deixe tomar de pânico ante a opinião geral. Em todos os países, ainda os mais civilizados, há uma última raiz do passado; entre nós é a escravatura, como na Europa é o pauperismo.

XII

É o momento de considerar a abolição a respeito da forma e da oportunidade.

Contra as considerações que desenvolvi, sem dúvida surgirão em vosso espírito objeções deduzidas do projeto em via de elaboração. Não pretende o governo a abolição imediata, porém, sim, depois de finda a guerra. Nessa mesma ocasião, a medida não será instantânea, porém, gradual e a longo prazo.

Assim, previne-se o risco de um grande abalo na sociedade, e modera-se a perturbação econômica. A substituição do trabalho servil pelo trabalho livre se realiza proporcionalmente; à medida que um se retrai, o outro se dilata. Meditei todas estas razões e muitas outras que se podem produzir em favor do sistema.

Não hesito, porém; eu o condeno.

Se um governo, desconhecendo a natureza da escravidão, se propõe extingui-la por ato legislativo; neste caso sempre desastroso, eu lhe aconselhara antes o meio pronto, súbito, instantâneo, como uma calamidade menor. Era uma amputação dolorosa; se o enfermo não sucumbisse, a chaga iria cicatrizando, e ele ficaria mutilado, porém, tranquilo.

Mas essa operação lenta, excessivamente dolorosa, torna-se insuportável: quanto mais longa, mais perigosa. A sociedade não pode permanecer dez ou vinte anos em guarda constante contra a insurreição minaz que uma faísca basta para levantar. A comoção causada por esse perigo surdo, mas presente a toda hora, perturba a existência de um povo.

É ilusória a esperança de uma substituição lenta. No momento em que plainasse sobre o país uma lei de emancipação qualquer; toda a casta sujeita se colocaria à sombra dela, para deduzir daí seu direito indisputável. Pouco importavam as condições; tudo se resumia no grande princípio, no reconhecimento solene de sua liberdade.

Desvanecido o prestígio da instituição, cada um desses indivíduos seria um adversário disputando seu direito ao opressor; e coagindo-o a consagrá-lo em sua plenitude. A geração nova, libertada no ventre, era a primeira a revoltar-se para arrancar ao cativeiro seus progenitores. E quem teria o direito de estranhar neles o estímulo nobre do amor filial?

Não esqueçam as simulações. Já tivemos o exemplo a respeito do tráfico: todos os indivíduos novamente importados eram lançados à conta do tempo em que era lícita essa aquisição.[18] Assim, hão de retroagirem ao cativeiro os nascimentos acontecidos já no período de liberdade. Mais um elemento para a combustão.

A Inglaterra adotou a respeito de suas colônias o sistema gradual. Criou um estado intermédio entre a escravidão e a liberdade, que designou com o nome de aprendizagem, durando entre quatro e seis anos.[19] "Transição perigosa", diz Cochin, "que expunha as colônias à desordem, a propriedade à ruína, a liberdade a uma derrota sanguinolenta e onerosa". (Vol. I, p. 377).

Com efeito, se não fosse o grande poder da Inglaterra, vigilante e alerta durante essa operação arriscada, a explosão da liberdade, imprudentemente agitada, mas não desabafada, houvera exterminado as colônias. Assim

[18]Em 7 de novembro de 1831, o Império aprovou uma lei que suprimia o comércio de escravos e decretava livres os africanos ilegalmente introduzidos no país. A origem do Partido Conservador, a que pertencia José de Alencar, se liga às manobras políticas e sociais que buscavam suspender a aplicação da lei. Em consequência, o contrabando aportou para o país mais de 650 mil escravos ilegais entre 1836 e 1850, a despeito da lei que devia libertá-los.

[19]Vide nota 1, p. 77.

mesmo, sob o sistema de proteção da metrópole, a convulsão durou anos e tomou algumas vezes aspecto medonho.

Que será do Brasil, senhor, em uma crise semelhante, não fora da influência dela, mas no foco mesmo da agitação, atribulado pelo mal interno, obrigado a atender a todos os perigos, sociais e políticos? Já lançastes, senhor, vosso espírito a essa terrível conjectura e sondastes estes refolhos dos acontecimentos?

Confesso-vos que essas profundezas do futuro me causam vertigens.

A única transição possível entre a escravidão e a liberdade é aquela que se opera nos costumes e na índole da sociedade. Esta produz efeitos salutares: adoça o cativeiro; vai lentamente transformando-o em mera servidão, até que chega a uma espécie de orfandade. O domínio do senhor se reduz então a uma tutela benéfica.

Esta transição, fora preciso cegueira para não observá-la em nosso país. Viesse ao Brasil algum estrangeiro, desses que devaneiam em sonhos filantrópicos nas poltronas estufadas dos salões parisienses, e entrasse no seio de uma família brasileira. Vendo a dona da casa, senhora de primeira classe, desvelar-se na cabeceira do escravo enfermo; ele pensaria que a filantropia já não tinha que fazer onde morava desde muito a caridade.

Estudando, depois, a existência do escravo, a satisfação de sua alma, a liberdade que lhe concede a benevolência do senhor; se convenceria que esta revolução dos costumes trabalha mais poderosamente para a extinção da escravatura do que uma lei porventura votada no parlamento.

Todas as concessões que a civilização vai obtendo do coração do senhor limam a escravidão sem a desmoralizar. O escravo não as erige em direito para revoltar-se, como sucede com os mínimos favores de uma lei; ao contrário, tornam-se para ele benefícios preciosos que o prendem ainda mais à casa pela gratidão. Esse cativo, se for libertado, permanecerá em companhia do senhor; e se tornará em criado.

O liberto por lei é inimigo nato do antigo dono; foge à casa onde nasceu. O ódio da raça, que se havia de extinguir naturalmente com a escravidão, assanha-se ao contrário daí em diante. Tal será a sua ferocidade, que uma casta se veja forçada pelo instinto da conservação a exterminar a outra.

Bem sabeis, senhor, a sorte deplorável dos cativos que por sua morte Washington[20] deixou libertos. Pereceram na miséria. Não ignorais também que Jefferson, entristecido com estes exemplos, não se animou a realizar de plano sua ideia da emancipação geral, limitando-se a prepará-la pela reexportação dos africanos, de que procede a atual república da Libéria.

Não resta dúvida. A abolição gradual é mais nociva do que a abolição instantânea. Para esta, a nação concentra suas forças durante a operação e repousa logo do grande choque. Há perigo, e perigo sério, mas rápido e passageiro.

Entretanto, senhor, se neste assunto confio principalmente na revolução íntima dos costumes e ideias da sociedade, não descreio, contudo, da ação da lei sábia, que exerce nos preconceitos uma influência benéfica, por isso mesmo que é indireta e branda. Como vício constitucional do império,[21] não pode a escravidão ceder a remédio;

[20]George Washington, primeiro presidente dos Estados Unidos (1789–1797), assim como Thomas Jefferson, também presidente de 1801 a 1809, foram proprietários de escravos na Virgínia, estado que conservou o cativeiro até o fim da Guerra de Secessão (1861–1865).

[21]Era relativamente comum avocar a Constituição para defender o ca-

mas convém submetê-la a um certo regime, a uma higiene administrativa.

Carece de grave meditação o complexo de medidas tendentes à preparação moral e econômica do país para o trabalho livre. Se eu nutrisse esperança de que minhas ideias a este respeito captariam vossa atenção, as explanara de certo. Poupo ao meu espírito mais um desengano.

De todas estas considerações que apontei e que, bem desenvolvidas, davam matéria para um livro, a suma é esta:

Para a casta sujeita, ainda não educada, a emancipação nas circunstâncias atuais é um edito de miséria pelo abandono do trabalho e de extermínio por causa da luta que excita entre as duas raças.

Para a casta dominante, especialmente a agrícola, importa a ruína pela deserção dos braços e impossibilidade de sua pronta substituição; importa igualmente o perigo e sobressalto da insurreição iminente.

Para o estado, significa a bancarrota inevitável pelo aniquilamento de sua primeira indústria, fonte da riqueza pública; e, como consequência, o crédito nacional destruído, a nossa firma desonrada no mercado estrangeiro.

E chama-se a isto filantropia? É esta oblação feita da melhor substância nacional, amassada com lágrimas e sangue de uma população inteira, que se deseja votar à caridade?

Rio, 26 de julho 1867
Erasmo

tiveiro no Brasil. O Artigo VI, parágrafo I, o reconhecia na concessão de cidadania aos escravos que, sendo nascidos no país, obtivessem alforria. No Artigo 179, garantia em toda a plenitude a propriedade existente dos súditos brasileiros, aí incluídos, implicitamente, os escravos.

QUINTA CARTA
sobre o donativo imperial

Senhor

Resolvestes desde já ceder para as urgências do estado a contar de março vindouro a quarta parte de vossa dotação.[1]

Dirigistes para este fim uma carta ao Sr. Zacarias,[2] que a leu perante a câmara dos deputados com a devida solenidade.

Creio que o nobre presidente do conselho figurou aí como simples órgão da nação, a quem naturalmente se referia vosso pensamento, praticando esse ato de abnegação.

Como cidadão, que ainda me consentem ser deste império, e um dos contribuintes do orçamento, tenho uma parte, embora tenuíssima, na vossa generosidade. Não devo, pois, conservar-me indiferente.

Já a imprensa em nome da opinião pública vos retribuiu com bonitos e merecidos elogios. No parlamento a leitura de tão importante documento foi saudada com ferventes aplausos.

[1]Verba permanente destinada ao sustento da família imperial, prevista na Constituição de 1824 (Título V, capítulo III) e que montava a 800 contos de réis anuais. Durante a dispendiosa campanha no Paraguai, D. Pedro II repassou ao Estado um quarto de sua dotação como contribuição para atender aos esforços de guerra.

[2]Referência a Zacarias de Góis e Vasconcelos (1815–1877), que presidiu ao ministério da Liga Progressista de agosto de 1866 a julho de 1868.

Quero eu também responder-vos por minha conta própria.

Não aceito, senhor, o vosso donativo; e até vos contesto o direito de o fazer. Se tomais por uma exorbitância este meu modo de pensar, lede a constituição, que vos fez imperador.

A dotação, conferida pela nação ao monarca, bem com aos membros principais da dinastia, não é uma remuneração de serviços, como o ordenado do funcionário público.

Pelo trabalho de governar, decerto não vos daria o Brasil oitocentos contos de réis anuais; e menos ainda os cem contos que recebem as augustas princesas, sem a mínima ingerência no governo do país.

É o decoro do trono e a dignidade da nação, como diz-nos a lei fundamental (art. 108), que determina a dotação. Foram estas razões, inteiramente alheias a vossa pessoa, que elevaram à soma atual o pequeno apanágio de vosso augusto pai.

Assinando a quantia de oitocentos contos de réis para vosso tratamento anual, arbitrou a assembleia geral o grau de lustre e pompa da coroa brasileira. Desde, pois, que cedeis uma parte dessa dotação, não alienais vosso dinheiro ou uma parte de vosso patrimônio; mas sim um quinhão do decoro do trono e da dignidade nacional, coisas que não pertencem ao Sr. D. Pedro II, pois é delas mero depositário.

Pode um empregado ceder em benefício do estado uma parte ou mesmo todo o vencimento, porque dá do seu; oferta à pátria necessitada algumas bagas de suor, algumas horas de fadiga. Mas vós, senhor, vós, cuja existência inteira foi dedicada à felicidade deste povo, não tendes o direito de ser pródigo de semelhantes migalhas.

É sabedoria e prudência que a nação espera de seu monarca e lhe pede com ânsias. Quanto às espórtulas[3] pecuniárias, que lhe jogam em paga de sua paciência evangélica, afirmo que ela as rejeita.

O povo brasileiro tem dado provas de nimiamente sofredor. Não se contam já as humilhações que ele há suportado impassível desde o princípio desta guerra. Mas, se esquece seus brios, ainda não desceu felizmente à vileza de os regatear.

Estes duzentos contos, que renunciais, são muito para vossa casa desfalcada e sempre mal gerida: são demais para os infortúnios que vossa mão beneficente alivia. São nada, porém, para a nação oberada[4] com uma despesa enorme e um desfalque estupendo.

Ah, senhor! Se quereis ser generoso para com esta nossa pátria, tão deserdada do amor de seus filhos e tão órfã de seu monarca, não é atirando-lhe aos centos de contos de esmola que lograreis essa glória. Não! Será pondo um termo a esse esbanjamento desordenado que tem exaurido todas as reservas do país e vai sorver os últimos recursos do futuro.

Não são os vossos duzentos contos de réis que hão de suprir o vácuo aberto no orçamento por uma administração imprevidente e desasada.

Não há de ser a quarta parte de vossa dotação que nutra o manancial de ouro já estanque, para de novo despejar aos jorros nas repúblicas do Rio da Prata.[5]

[3]*Espórtula*: esmola, gorjeta.

[4]*Oberado*: endividado.

[5]Alusão à Guerra do Paraguai (1864–1870), cujo progresso o autor atribui a um capricho vaidoso do Imperador. Após o revés militar da Tríplice Aliança em Curupaiti (setembro de 1866), estadistas brasileiros e argentinos aventaram a paz com o Paraguai, mas D. Pedro II não a aceitou. Esta quinta

Não é o vosso óbolo[6] que virá garantir o crédito público profundamente abalado e a probidade do império brasileiro, ameaçado de uma bancarrota infalível.

Não chega, enfim, senhor, a vossa espórtula para restituir à família do operário e do lavrador a finta onerosa ou a vida do chefe imolada, não à defesa da honra nacional, seria um dever sagrado, mas ao capricho de alguns indivíduos, o que é uma iniquidade.

De que serve, portanto, senhor, privar-vos de certa decência indispensável ao trono; ou mesmo da íntima satisfação de enxugar uma lágrima e mitigar uma dor?

Em vossa mão compassiva e boa, demais, esta soma terá melhor destino. Talvez se transformasse nos orvalhos santos da caridade, a rociar as aflições que penetram nessa mansão tranquila de S. Cristóvão.[7]

A beneficência é uma das pompas da majestade e prima entre as mais brilhantes; compõe ainda melhor que os esplendores e as galas o decoro do trono. Quando a realeza se unge nesta virtude, mostra-se o legítimo representante da soberania nacional, porque é também o representante da Providência, que inspira o coração magnânimo dos povos.

Fazer da caridade uma espécie de atribuição exclusiva da igreja e de seus vigários, como já pretenderam no parlamento brasileiro, seria uma extravagância, se não fosse infelizmente coisa pior; um efeito do grosseiro materialismo que pervade o país de todos os lados.

Porventura, uma parte dessa quantia renunciada por vós não tivera aquele sublime destino, porém, um emprego menos acertado, como o de nutrir certas cobiças

carta contrapõe à pretendida generosidade do monarca os enormes custos de guerra, que apequenavam sua doação.

[6]*Óbolo*: moeda de pouco valor; esmola.

[7]Paço de São Cristóvão, residência imperial.

e vaidades parasitas do trono. Todavia, era apenas uma prodigalidade de vossa parte, uma bondade mal usada.

Entretanto, abandonados ao governo, esses duzentos contos vão ser um foco de imoralidade e corrupção. Carniça atirada ao tempo, que a podridão logo decompõe, não tarda cobrir-se de um enxame de vermes à ceva.

Quanta paixão sórdida não vem acender esse punhado de ouro atirado sobre o tapete verde do orçamento? Quanto embuste e mentira não custará ao pudor político, já expirante, a dissipação desta migalha?

Em nome da dignidade do país e da honestidade do governo, senhor, retirai o presente funesto!

Se houvesse necessidade real dessa quantia de duzentos contos de réis, para desempenhar algum serviço indispensável da administração, ainda assim não carecera o governo da quarta parte de vossa dotação.

Bastava-lhe uma pequena emissão de títulos ou condecorações para levantar prontamente soma igual, senão superior. Vinte baronatos ou cinquenta comendas, eis, senhor, quanto justamente vale o vosso donativo ao estado.

Que mal faria ao país, já tão inçado da praga, mais cinquenta fidalgos despachados pela graça de seu dinheiro? No tempo em que se tiram galés de Fernando de Noronha para confiar-lhes a guarda do pavilhão nacional, torna-se com efeito indispensável enobrecer aqueles que não perpetram roubos nem assassinatos.[8]

A não ser assim, que diferença houvera entre um facínora e um homem bem procedido?

No mesmo instante em que, para dissipar umas bafo-

[8]O trecho, todo irônico, sugere que a concessão de baronatos é compensação justa, já que o governo concedera a prisioneiros o direito de atuarem na Guerra do Paraguai.

radas republicanas sopradas lá do Serro,[9] esse decantado Acrópole mineiro, o nobre presidente do conselho[10] usava de vossa carta como de um argumento de algibeira, sabeis o que se rumorejava na cidade?

Falava-se na quarta missão extraordinária,[11] que vosso insigne governo com um gênio admirável acabava de inventar, para ir a Buenos Aires consumar a nossa vergonha diplomática e desentranhar mais uma guerra do ventre fecundo desse monstro chamado a política platina.

Compreendeis bem, senhor, o alcance e a profundeza desta fatal coincidência?

Talvez não, porque uma névoa sinistra de certo tempo a esta parte tolda vossa mente e lhe empana a reconhecida lucidez. Desde 1863,[12] vedes o país através das evaporações maléficas de uma política desgraçada: a política da vaidade.

A coincidência de vossa carta com os boatos de nova missão tem, senhor, esta medonha significação, que gela a medula do país.

No instante em que uma das augustas mãos estende à pátria aflita o óbolo de duzentos contos, a outra, obstinada e imprudente, joga na banca política uma nova cartada de duzentos mil contos, páreo que o povo brasileiro terá de pagar, suando sangue e dinheiro.

Em maio de 1864, uma primeira embaixada se inventou, que partiu com aparato para o Rio da Prata. Não

[9] Cidade natal de Teófilo Otoni (1807–1869), conhecido por suas convicções republicanas.

[10] Zacarias de Góis e Vasconcelos.

[11] Provável referência ao iminente envio de ajuda brasileira à Argentina, conflagrada em 1867 por insurreições militares contrárias à Guerra do Paraguai. O auxílio acabaria por não ocorrer.

[12] Ano da dissolução de uma Câmara majoritariamente conservadora.

soube então o país qual era seu fim. Creio que nem o próprio monarca brasileiro ou seu gabinete o sabiam; devo crer, senhor, porque a alternativa seria cruel.[13]

Só hoje conhece o Brasil o custo dessa filigrana diplomática. Duzentos mil contos já consumidos; e soma igual, senão maior, para continuar a obra-prima do progressismo,[14] cujo remate, ficai certo, senhor, há de ser um grande opróbrio, como foi seu princípio um grave crime.

Segunda missão foi enviada a Montevidéu. Obteve esta com tino superior aplacar a labareda açulada nas margens do Prata; porém, uma centelha voara pelos ares, que produziu a explosão no seio do Paraguai.

A missão Paranhos foi condenada pelo governo.[15]

A lógica o exigia. Seu chefe, se não tinha alcançado tudo, conseguira o possível. Não lhe era dado, nem a outro qualquer, suprimir o passado implacável e evitar o futuro sinistro que já acudia com espantosa velocidade.

A situação, que em 1863 se gerara no ventre do absurdo, devia, para ser coerente, punir o importante serviço prestado ao país por aquela missão.[16]

Passemos a esponja sobre isto.

[13]Trata-se da missão especial de José Antônio Saraiva enviada a Montevidéu, para exigir reparação de abusos cometidos contra brasileiros durante a guerra civil entre blancos e colorados, eclodida em 1863. O contencioso sofreria imprevisível escalada, até ensejar, indiretamente, a Guerra do Paraguai.

[14]Remissão à Liga Progressista (vide Introdução).

[15]Após o Uruguai desconsiderar as reclamações brasileiras, Saraiva deixou o país em gesto inamistoso e ordenou o envio de forças imperiais de mar e de terra. Depois de algumas batalhas, José Maria da Silva Paranhos, chefe da segunda missão e substituto de Saraiva, selou um acordo de paz entre blancos e colorados, sem lograr a inclusão, no tratado, das reclamações imperiais. Por essa razão, foi exonerado.

[16]José de Alencar insinua que Paranhos foi exonerado pelo gabinete em exercício, da Liga Progressista, apenas por pertencer ao Partido Conservador.

Seria nada o arreganho de Lopez se o Brasil fosse Brasil naquele momento, se o Império se possuísse. Mas, infelizmente, desde maio de 1862,[17] senhor, que o havíeis reduzido a *anima vilis*,[18] à besta destinada para as experiências de uma nova e incompreensível política.

Que estímulos e brios podia ter uma nação rebaixada à condição miserável de arcabouço ministerial, para a aprendizagem dos impúberes estadistas? De que exerções de força e atividade era capaz um povo enervado por governos fracos e completamente alheios à ciência da administração?

O gabinete de 12 de agosto,[19] que reprovara o ato diplomático de 20 de fevereiro,[20] selou com seu nome o documento mais vergonhoso de toda esta guerra, o tratado da tríplice aliança. Quando meus olhos perpassam essa página... suja, é o nome; essa página da diplomacia brasileira, sinto torvar-se o ânimo. Involuntariamente ocorre-me a ideia de um homem assalariando ao preço da dignidade dois espadachins para instrumento de sua vingança!

Foi este pensamento ominoso que levou a Buenos Aires a terceira missão extraordinária, pomposamente de-

[17]Data da substituição de um ministério conservador por outros gabinetes que instituíram o domínio da Liga Progressista.

[18]Ser desprezível, sem honra.

[19]Por lapso, José de Alencar fundiu o gabinete de 31 de agosto de 1864 com o de 12 de maio de 1865, escrevendo "gabinete de 12 de agosto". Trata-se, na verdade, do ministério de 31 de agosto de 1864, que estava em exercício quando se firmou Tratado da Tríplice Aliança, em 1 de maio de 1865.

[20]Acordo de paz selado em 1865 que findava a guerra civil no Uruguai e harmonizava as relações do país com o Brasil. Segundo Pereira da Silva, o tratado de paz foi mal recebido pelo Imperador porque não regulava reparações uruguaias aos brasileiros perseguidos na guerra civil. Paranhos foi imediatamente exonerado em favor de Francisco Otaviano. Confira J. M. Pereira da Silva. *Memórias do meu tempo*, II, pp. 5–31.

signada pelo vulgo de embaixada.[21] Não é possível calcular seu preço com exatidão, mas estou convencido que ela nos custará ainda mais caro que a primeira.

Em chegando a época da liquidação, quando tivermos de somar os cheques pagos por conta do crédito aberto a duas repúblicas insolváveis; então se poderá orçar o verdadeiro importe dessa aliança, consignada ao Brasil pelo gabinete de 12 de agosto.[22]

Portanto, senhor, se quereis ser generoso para nossa pátria, em vez de reduzir vossa dotação, o que a nada monta, impedi essa quarta missão, que apavora o espírito público, desde os primeiros e vagos anúncios; obstai à nova importação de calamidades que se há de realizar por meio dessa embaixada, como se realizou em 1864 e 1865.

Se fizerdes isso, não serão duzentos contos, mas duzentos milhões que ofertais ao estado. Não poupareis ao Brasil vinte barões ou cinquenta comendadores, que em tanto anda a quarta parte de vossa dotação; poupareis uma infinidade de vidas e outra miséria maior, se é possível, sobre esta miséria que nos aflige.

Quereis levar mais longe ainda a vossa generosidade e ser magnânimo e esplêndido como costumavam os antigos imperadores da Ásia?

Despedi este ministério, que o país tem pago com tamanha usura. Cada um dia de sua vida custa mais ao Brasil do que vossos duzentos contos; porque lhe custa não somente ouro e sangue, a carne e os ossos, mas a honra,

[21]Missão de Francisco Otaviano, que assinou o Tratado da Tríplice Aliança, em 1 de maio de 1865.

[22]Vide nota 19, p. 122. No início da guerra, o Tesouro brasileiro emprestara quase 600 mil libras esterlinas à Argentina e ao Uruguai. Posteriormente, o barão de Mauá também abriu linhas de crédito aos aliados.

o brio, a dignidade, cuspida a todo o instante pela bava[23] da ambição.

Praticásseis vós este esforço, que não seriam os aplausos da câmara encomendada[24] nem as palavras rituais da imprensa a receber essa prova de amor e abnegação de vossa parte. Seriam as bênçãos sinceras de todo o país, as efusões de uma população inteira, sentindo que a mão poderosa e solícita de seu monarca a suspendia às bordas do abismo onde vai desabar.

Eu vos suplico, senhor, pelo vosso dever primeiro; por nossa pátria depois; e pela dinastia finalmente, que vossa pessoa, bem sei, não vos preocupa!

Eu vos suplico com todas as potências de minha alma; salvai o Brasil e, com ele, os penhores de sua integridade.

Não acabaria com meu coração que vos ele pedisse para mim o que quer que fosse. Esquiva-se quanto pode de o fazer aos que lhe estão iguais. Mas, para minha pátria, para este Brasil tão angustiado quanto desquerido dos filhos que mais lhe devem; para este império, ainda fraco e tolhido, onde eu tenho um cantinho humilde que não trocara pelas maiores celebridades e grandezas do mundo;

[23]Erro tipográfico de solução incerta.

[24]As eleições para a Câmara dos Deputados eram influenciadas pelo gabinete em exercício, cujos poderes de intervenção derivavam, em grande parte, da superlei de 3 de dezembro de 1841, concebida pelo próprio partido de José de Alencar. À medida, porém, que o Imperador usou do Poder Moderador para alijar os conservadores e eleger deputados favorecidos por gabinetes concorrentes, os conservadores passaram a criticar o sistema eleitoral do Império. A crítica mais sistemática é o *Systema Eleitoral no Brazil; como funciona, como tem funcionado, como deve ser reformado* (1872), de Francisco Belisário, deputado que defendeu a escravidão nos debates sobre o projeto do Ventre Livre e se frustrou com a aprovação da lei, conseguida em grande parte graças às ameaças de dissolução da Câmara. O epíteto "Câmara encomendada" indica a conduta revisionista dos conservadores já em meados da década de 1860.

para este solo, que Deus abençoou e malsinam os homens; não tenho pejo de suplicar-vos, senhor.

Ou vós ou a revolução. Fora daí, nada existe neste imenso vácuo do presente.

Muitos increpam semelhante insistência, que, não obstante, se conservam impassíveis. Estranham que se peça ao monarca a salvação do país, como se o monarca fosse inventado para outra coisa, senão para representar a missão de uma providência nacional. Entretanto, eles, que censuram, nada obram, nada absolutamente.

Estáticos à margem dos acontecimentos, que se despenham do alto e fogem com deslumbrante velocidade, assemelham-se às aves aquáticas, taciturnas e sombrias, quando se quedam à beira do rio, com os olhos fitos na correnteza das águas.

Às vezes o viajante que devassa estas paragens ouve um pio triste e lúgubre a reboar no seio da melancólica solidão. É o grito sinistro de alguns pássaros, que anuncia a borrasca; depois tudo cai e sepulta-se no profundo silêncio; e o rio, toldado pela vasa, continua a correr em demanda do oceano, túmulo insondável de quantas catástrofes!

Não encontrais em vossa marcha, senhor, a mínima resistência. Ao sobrecenho imperial curvam-se as venerandas cabeças dos cidadãos encanecidos no traquejo dos negócios públicos. O senado brasileiro, onde outrora se quebraram as ondas revoltas da anarquia, já não opõe diques à torrente da corrupção. Vosso ministério pode apresentar-se ali com os fardões cobertos de sangue brasileiro e estender a mão, que o conselho dos anciãos lhe abandonará a bolsa do cidadão e os destinos da pátria.

Raros, dois ou três, se tanto, ficariam imóveis nas curules,[25] como os padres conscritos, quando César lhes pedia a ditadura.

O senado não teme as iras do leão, mas sim a hidra que se enrosca na sombra. Erro fatal, que teremos de expiar cruelmente. A única maneira de evitar a revolução da anarquia, que se está cevando com os desatinos da atualidade, seria a revolução da lei, a resistência constitucional dos poderes do estado, a quem a nação confiou a grave e suprema atribuição conservadora.

Negar ao governo pão e água, recusar-lhe abertamente o orçamento e abrir a luta franca e leal com a coroa, era a atitude do senado neste momento culminante. Teríeis então de resolver, senhor, se as instituições do país deviam de ser imoladas ao vosso gabinete.[26]

Neste caso, a nação ficava sabendo com que podia contar. Caiam as máscaras da comédia constitucional e entrávamos em pleno arbítrio. Ou receberíeis como Napoleão III a nova investidura nacional e podíeis então dispor deste Brasil com direito perfeito, como coisa vossa; ou a nação, acordados os brios da prisca liberdade, vos faria conhecer a sua vontade imutável, e havíeis de obedecer-lhe como seu primeiro cidadão e seu primeiro súdito.

Mas o senado, em quem estavam postos os destinos do país, encadeou a revolução legal e deixou subir o nível da arbitrariedade e prepotência. Há de chegar às bordas e extravasar. O que ficará depois da aluvião?...

Deus o sabe.

Só vós, senhor, tendes em vossa mão o cravo da roda fatal; porque só vós existis neste país, como poder, como

[25] *Curul*: assento reservado aos altos dignatários na Roma antiga.

[26] Gabinete da Liga Progressista. O autor insiste na ideia de falsidade da representação política deste ministério (e da Câmara eleita por ele), pois seria forjado pelo Imperador e desprovido de vínculos com a sociedade.

força, como opinião. É triste para um cidadão, filho de um povo livre, confessar estas coisas; mas são verdades que transbordam sem querer da alma, e é preciso que transbordem para não afogá-la.

Se, por momentos, um homem, uma voz, um eco mesmo, se levanta para opor-vos, não de frente — quem ousara? —, mas de longe, através do ministério, uma resistência oficial; é efeméride política de breve momento. Dura ainda a surpresa de semelhante energia, que já ela todo se desvaneceu.

Rumorejam baixo uns sussurros misteriosos. Aludem a certos colóquios; citam-se palavras sibilinas. E toda a população acha natural que o homem se incline, a voz emudeça e o eco se dissipe.

Tendes, senhor, para tudo, daqueles argumentos de que fala D. Basílio: — *certi argumenti a cui no si resiste* —;[27] o dilema terrível da pistola e da bolsa; da graça e da desgraça. Nomeais ministros contra a vontade; alcanceis enviar ao Rio da Prata, como embaixadores, pessoas de perfeito juízo, coisa inverossímil. De um homem sisudo, de um caráter severo, tirais de repente não sei por que alquimia, um aventureiro político ou um estadista poltrão.

Enfim, senhor, fazeis do preto branco: e até aquele milagre incrível, que excedia à onipotência do parlamento inglês, de fazer de um homem mulher e de uma mulher homem, para vós é nonada.

Mulheres haveis feito de quase todos estes cidadãos que cercam o trono e, em vez de resistir-vos para vos salvar contra vossa própria obstinação, se contentam de

[27]Frase da ópera *Il Barbiere di Siviglia* (1816), de Gioachino Rossini (1792–1868). No original, a fala proferida pela personagem D. Basílio é “certi argomenti a cui non si risponde” (Ato II, cena XIII), isto é, a certos argumentos não se responde.

chorar contritas no regaço imperial as misérias da pátria, sentindo-se consoladas depois deste desabafo.

Não há meses, vimos estadistas ilustres e alguns dos mais famosos sacerdotes da liberdade empenhados em fazer constitucionalmente um varão de uma senhora, somente para vos ser agradável.[28] Se não conseguiram de todo, foi porque pairou nos ares uma dúvida a respeito do contentamento que vos traria esta fineza.

O ministro de vossa íntima confiança, o Sr. Zacarias, com quem estais em tão perfeita correspondência epistolar, opôs-se. Então, suspeitaram que a prudência do rei houvesse derrogado a ternura do pai.

Estas divagações, próprias de um espírito alvoroçado, me afastam do assunto. Ainda vos não disse todo meu pensamento a propósito da vossa carta. Não acrescentou essa generosidade um ponto sequer à vossa reputação. Bem conhecidas e justamente apreciadas são a singeleza de costumes e a sobriedade de vida, que distinguem o monarca brasileiro.

Ao contrário, pelo modo por que o praticastes, semelhante ato vos prejudicou no ânimo público. Não havia necessidade dessa solene confissão, feita em pleno parlamento, dos desarranjos da casa imperial. Se vosso desinteresse não estivesse acima de qualquer suspeita, diriam que era um pretexto fornecido para a recusa do donativo.

Sobretudo, fostes mal inspirado, tornando em galardão a um indivíduo um ato vosso de patriotismo.

Napoleão III, a quem a França se doou pelo sufrágio universal, escreve cartas lisonjeiras a seus ministros e até lhes envia mimos de brilhantes. Mas ainda não se animou

[28]Referência não identificada.

a fazer da miséria pública um pedestal à glória equívoca de Rouher!...[29]

20 de setembro
Erasmo

[29]Eugène Rouher (1814–1884), senador e presidente do Conselho de Estado de Napoleão III, apodado de "vice-empereur" por causa da proximidade com o Imperador e de sua ascendência política no Parlamento francês. No início de 1867, Napoleão III escrevera uma carta pública a Rouher, advertindo-o da necessidade de reformas a que o estadista se opunha. Na passagem acima, Alencar insinua a D. Pedro II que há um limite, se o bem público o exige, na relação do governante com seus protegidos. O alvo é Zacarias, em particular, e a Liga Progressista, em geral.

SEXTA CARTA
sobre a guerra

Senhor

A paz é uma grande vergonha...

O coração brasileiro se congela ao som desta palavra cruel. Reflui o sangue açoitando as faces do cidadão brioso, que se estremece pela honra nacional.

A paz é um ato de miséria...

O Brasil, a segunda nação da América, destinado à primazia do mundo, abater seu estandarte ante o arreganho de um pequeno déspota, quase selvagem?

Não há filho deste império que se não possua de horror ante a possibilidade de semelhante opróbrio.

A paz é uma vilania...

Não tem alma um povo de onze milhões de almas que não esmaga a insignificante republiqueta por falta de um exército de cinquenta, de cem, de duzentos mil soldados. Povo pusilânime, avaro de seu sangue e desamparado do sentimento de sua dignidade!

Eis o que murmura dentro de vossa alma a voz do pundonor, o pátrio orgulho.

Mas, senhor, há coisa pior que a paz. Há outra vergonha, outra miséria, outra vileza superior a essa. É a guerra como a tem feito vosso governo.

Não se concebe que o Brasil possa em condição alguma sofrer maiores humilhações do que tem curtido sob a influência maléfica da política internacional inaugurada em 1864.[1]

Esta é também, senhor, a convicção do país.

Entre dois males terríveis, entre a vergonha da paz e a ignomínia da atualidade, ele prefere o menor. Dói-lhe muito deixar incólume a afronta do Paraguai; porém, dói-lhe mais cruamente ainda servir de alvo ao insulto de seus aliados e ao menoscabo do mundo.

A guerra sob a política dominante tornou-se impossível. Compenetrai-vos bem desta verdade, que é implacável, senhor. Curvemos a cabeça ao peso da fatalidade. Não há resistir-lhe.

Este gabinete não consegue mais do país o exército indispensável para o nosso triunfo; não alcança um subsídio sequer de dez mil homens para suprir as falhas de nossos batalhões.

Ponham em jogo todos os meios, a sedução como a violência; serão baldados.

Nenhum brasileiro empunhará as armas para submeter-se às ordens de um general estrangeiro, que escarnece impunemente de nossa pátria.[2]

Nenhum cidadão deixará sua família ao abandono para estrecer[3] nos pântanos do Paraguai, testemunha importante de nossa degradação.

Nenhum homem de brio arriscará a vida inutilmente para receber em prêmio de seu heroísmo sob a forma de medalha uma ração de opróbrio e desonra.

[1] Ano dos acordos diplomáticos que levaram à Guerra do Paraguai (1864–1870).

[2] Alusão ao general Bartolomé Mitre, presidente da Argentina (1862–1868), nomeado comandante em chefe das Tropas Aliadas, cargo que exerceu até janeiro de 1868.

[3] *Estrecer*: perder a força, desvanecer.

Não há mais quem sacrifique uma só gota de sangue para defender a dignidade de um país, que seu próprio governo é o primeiro a aviltar e prostituir.

Não há mais quem sinta ferver em sua alma os entusiasmos generosos da honra nacional, desde que a sepultaram nos arquivos de Buenos Aires em tratados e notas de perpétuo estigma.

Não há mais um filho que se estremeça ao grito da pátria ofendida; porque a pátria já não existe. Puseram no lugar dela um mercado de condecorações, um prostíbulo da glória nacional.

Qual nobre estímulo há de levar agora os brasileiros ao Paraguai?

Tudo se poluiu; tudo se profanou. Ao heroico defensor do pavilhão nacional, o Brasil desgraçadamente já não tem outro meio de o distinguir senão alquilando-lhe o valor e a intrepidez pelo custo de alguns escravos![4]

À mocidade generosa que se arrancasse dos cômodos da abastança e dos prazeres dessa floração da vida para correr em defesa do emblema nacional, o lugar nobre que lhe reserva o governo é ao lado do galé, como seu companheiro de grilhão![5]

Deus! A que profundidade já chegou a perversão do senso moral neste desgraçado tempo?

E o partido[6] que reduziu o país a tal extremo, que espancou todos os princípios da probidade política, assim

[4]A Guerra do Paraguai exigiu do Brasil mais de 110 mil soldados, número quatro vezes maior do que o país já recrutara até o momento. Em vista das dificuldades, o governo liberou fundos para alforriar escravos e enviá-los ao *front* (vide nota 10, p. 137).

[5]A partir de 1866, o governo recorreu ao recrutamento de presidiários das colônias penais de Fernando de Noronha, de Mato Grosso e de outras regiões, para incrementar o efetivo militar no Paraguai.

[6]Alusão à Liga Progressista (vide Introdução).

como do santo patriotismo, ousa invocar o povo brasileiro em nome da dignidade nacional, que ele próprio fria e calculadamente abateu, fazendo tapete dela à arrogância gaúcha do Rio da Prata?

Mas há de ter do país a resposta que merece; uma gargalhada de mofa!

A defesa da honra nacional já não está agora nos campos do Paraguai, não. Transferiu-se para aqui, para esta cidade, corte do império, coração atrofiado deste povo infeliz.

Daqui partiu todo o mal; o miasma funesto desta guerra; a praga ainda mais terrível da tríplice aliança; todo este ramo de peste enfim, que nos tem custado tantas vidas, tanto ouro, e... o que é mais duro, tantas afrontas!

Daqui vão ainda e irão as ordens para as constantes humilhações que diariamente chovem sobre o país, como para submeter às provas evangélicas sua admirável longanimidade.

E, por fim, senhor, quando esta política fatal tiver esgotado a série extensa das transações indecorosas, porá a esse tráfico da honra nacional, mareada pela ambição do poder, um remate digno da obra: a paz!

Não tenhais dúvida, senhor.

Eles, que atualmente se entumecem com a ênfase de um fofo patriotismo e bramam contra a mera possibilidade de pôr um termo digno à interminável campanha, prescindindo da vitória; eles mesmos seriam os mais fervorosos a abraçar-se com a paz, se vissem nela encarnada a sua ambição.

Querem a guerra presentemente, a guerra a todo o transe; porque esta significa o pleno arbítrio, a onipotência administrativa, a indulgência magna de todos os erros e de todos os crimes. A esta palavra mágica nada se opõe; o país entregou-se manietado ao governo.

A guerra presta ainda ao ministério de 4 de agosto[7] um serviço relevante. Apavora os estadistas eminentes que poderiam salvar o país com seu tino e energia. Há alguns que repelem até a possibilidade de serem chamados ao poder, porque receiam a responsabilidade tremenda desta situação.

Esse monopólio do governo, garantido ao atual gabinete pela repugnância de uns e incapacidade de outros, é um dos proventos da permanência deste estado de coisas. Não convém aos progressistas mudar a situação, resolvendo a questão eterna.

Mas, senhor, repita o país amanhã na praça, em alta voz, o que já vai dizendo em casa, a meia voz, de timão e barrete. Bata o pé ao governo e exija a paz; que o marcial gabinete de 4 de agosto, de pronto conciliador e filantrópico, aceitará aquela solução.

Virão a lume os princípios da civilização, o amor da humanidade e toda essa larga provisão de filantropia cristã, que tanto serviu para as festas da capitulação de Uruguaiana.[8] Cantar-se-ia em todos os plectros a vitória incruenta da diplomacia!

Não duvidariam apor as armas do Brasil com as armas do Paraguai nalgum papel com figura de tratado, digno reverso da tríplice aliança!

[7]Trata-se do gabinete de 3 (e não 4) de agosto de 1865, presidido por Zacarias de Góis e Vasconcelos. Como esse ministério vinha estimulando o debate em torno da emancipação, as *Novas cartas políticas* o chamam, com ironia e derrisão, de "filantrópico"; porque se beneficiava da política da Conciliação, instilada por D. Pedro II, foi apodado de "conciliador".

[8]Cidade brasileira tomada por tropas paraguaias em agosto de 1865 e reconquistada pelos aliados em setembro do mesmo ano.

É possível que haja brasileiros capazes desta enormidade? Mas, senhor, esses de que vos falo não são brasileiros, são ambiciosos. Sua pátria é o governo; mantendo-se aí, dão a maior prova de civismo e abnegação.

Eis a que nos conduzirá infalivelmente a insistência do atual gabinete. No fim de uma campanha vergonhosa, uma paz humilhante. Ao cabo de tantos sacrifícios de toda a casta, a consagração da afronta por meio de uma estipulação indecorosa.

Neste caso, antes começar pelo fim.

Poupar-se-iam o tempo, o ouro e até mesmo a dignidade tão longamente enxovalhada. Em vez de formar um livro triste na história pátria, a questão paraguaia ficaria apenas como um ponto negro, que o heroísmo brasileiro não tardaria ofuscar com os esplendores de outras glórias mais puras e dignas.

Cego e obstinado, o gabinete se recusa à convicção de sua impotência. Acredita que pode ainda levantar um exército e, com ele, arrebatar por fim o triunfo. Na efusão de regozijo nacional pela justa reparação, esperam os ministros obter da magnanimidade do povo a absolvição de tantos erros.

Como se a história, implacável e severa, não os aguardasse nos umbrais da posteridade para precipitá-los naquele nono círculo do Dante, onde se convulsam os patricidas.[9]

Esse exército que se exige do Rio da Prata e sem o qual parece impossível desfechar o golpe decisivo, onde o haverá o governo?

[9]Na *Divina Comédia* (início do século XIV), Dante reservou o nono e último círculo do inferno aos traidores de todos os tipos, isto é, do próprio sangue, da pátria, dos amigos e dos senhores (parte I, cantos 32–34). As *Novas cartas políticas* acusam a Liga Progressista de traição contra a pátria.

Do patriotismo?

Impossível, repito; porque ele não existe mais, senhor.

Da violência?

Grande temeridade; colocada a questão nesse terreno, desde que se calam os brios nacionais, clama o instinto da conservação individual.

Do ouro?

No tempo em que as guerras eram questões dos reis, que as faziam por sua conta, se toleravam os exércitos mercenários. Combatiam pelo capitão que lhes pagava; nada mais justo. Neste século, porém, tornando-se as guerras questões dos povos, não parece decente que eles confiem a mãos estranhas a defesa de sua honra.

Demais, o ouro escasseia; muito há que o anunciou o termômetro infalível de Buenos Aires. Sobrasse ele, porém, que não acharia emprego; carece o país daquelas sobras de população, ou nacional ou estrangeira, que em falta de outra exploram a indústria da guerra.

Apontam outra fonte como aquela de onde pode o governo tirar um forte exército de vinte ou trinta mil homens.[10] Asseguram que a medida já foi resolvida em conselho e se realizará apenas encerrada a sessão.

São vinte mil contos de réis pelo menos, para um país que já lançou mão do papel-moeda na importância de cinquenta mil, como o único meio de prevenir a bancarrota. É cerca de um terço mais no presente orçamento, já onerado com um déficit bem considerável.

[10]Em 5 de novembro de 1866, o Conselho de Estado deliberou sobre a possibilidade de alforriar escravos para empregá-los na Guerra do Paraguai. Poder-se-ia libertar os cativos da nação, os de ordens religiosas e, finalmente, os de senhores particulares mediante ressarcimento. As *Nova cartas* censuram a proposta, advertindo contra os gastos indenizatórios e o abalo social da medida. Seus argumentos seguem de perto o voto do conselheiro visconde de Itaboraí, chefe dos saquaremas. Confira RODRIGUES, J. H. (org.). Atas do Conselho de Estado. Brasília: Senado Federal, VI, 1978, pp. 45–54.

 Mas arrede-se a questão de dinheiro, que está na superfície; acha-se no âmago a questão máxima, incandescente, medonha, a questão-cratera, que desde um ano a esta parte está em ebulição no seio do país.

Quisera, senhor, dirigir uma só pergunta aos vossos conselheiros, àqueles que vos inspiram semelhantes ideias.

Se eles pertencessem a uma casta sujeita e, de repente, se achassem investidos da força pública no país de sua opressão; qual seria o primeiro irresistível impulso de seu coração?

Defender a pátria alheia, pretendida sua desde a véspera unicamente; ou reclamar igualdade para seus irmãos, seus pais e seus filhos ainda sujeitos?

É preciso contar com os instintos naturais do coração humano; e não entregar o gládio da justiça nacional à mão capaz de espedaçá-lo para fazer dele um punhal contra o império.

E os cidadãos privados de repente de sua propriedade, embora mediante indenização; as lavouras desertas dos braços que a trabalhavam; os estabelecimentos rurais alvorotados com a execução da medida; a nova massa recrutável sôfrega por caber toda no limitado algarismo da desapropriação; toda essa perturbação social, toda essa efervescência das fezes vivas; não é coisa que mereça do governo algum desvelo?

Não é digno do país, sem dúvida, esse pacto de sangue com os deserdados da liberdade. Dizer-lhes: "Se quereis ser homens, arriscai a vida em defesa daqueles direitos, daquela independência e dignidade, de que por necessidade vos privamos. Não quereis ser carne para o látego, sede, pois, carne para o canhão."

Os manes[11] dos veneráveis autores da constituição devem estremecer vendo o uso que esta geração pretende fazer daquela sábia e prudente disposição por eles escrita no código de nossas liberdades. Nunca pensaram, decerto, que pudesse ela autorizar tamanha imprudência.[12]

Escravos combateram na independência. Mas como? Por impulso próprio, por entusiasmo espontâneo, esposando a causa de seus senhores. Assim, mostraram-se dignos da liberdade que tão heroicamente defendiam.

Réus de política saíram dos cárceres e pelejaram pela causa do Brasil. Mas por quê? Eram réus da liberdade, vítimas do despotismo; embora criminosos, sofriam a opressão de leis iníquas e bárbaras, contra as quais tinham também o direito de combater.

De resto, se houve alguma coisa de censurável, então evitemos a reincidência, antes do que alardeá-la. Não façamos de um erro da juventude um crime da virilidade.

Suponho que o projetado exército de trinta mil homens se levanta; marcha para a campanha do Paraguai; e toma de assalto as fortificações de Curupaiti[13] e Humaitá, aniquilando assim o último reduto de Lopez.

Quando voltasse triunfante aquele exército, integralmente composto de outra raça, não teria ele o direito de

[11]*Manes*: espíritos.

[12]A passagem se reporta ao artigo VI, parágrafo I, da Constituição de 1824, que concedia os direitos de cidadão ao escravo brasileiro que alcançasse alforria. Esse dispositivo era lembrado com relativa frequência por defensores do cativeiro no Império, como prova de que a sociedade escravista brasileira aceitava ex-escravos ou descendentes negros como membros da sociedade civil e política, sem atentar para a cor de pele nem empregar critérios raciais.

[13]Forte que servia de defesa avançada da fortaleza de Humaitá. Em 1866, após desastrosa tentativa de invadi-lo, em que morreram milhares de brasileiros e argentinos, as críticas à guerra se avolumaram na opinião pública dos países aliados.

dizer-nos a todos, a vós como a qualquer outro cidadão: "Esta pátria vos não pertence, pois que a não pudestes defender. Somos nós, os filhos da vitória, coroados dos louros do combate, somos nós os verdadeiros cidadãos do império brasileiro, que elevamos por feitos heroicos a uma posição respeitável. Arredai-vos para que tomemos posse dos destinos deste país, ganho por nosso valor."

E que responder a essa formidável apóstrofe?

Arcabuzá-los?...

Impedi, senhor, a realização deste plano funesto. Não querendo o imperador, nada se faz: o país inteiro sabe disto e consente. Abandonou-se completamente ao seu monarca, não pelo sufrágio universal, como a França, mas pela geral indolência. É uma felicidade para ele haver quem o dispense da fadiga de pensar, de querer e de obrar.

A vitória com semelhante exército é mais degradante do que a derrota. Antes o Brasil vencido por Lopez, isto é, pelos obstáculos insuperáveis da natureza aproveitados pela arte, do que vencidos pela nossa fraqueza, pelo menospreço da própria dignidade.

Portanto, senhor, se, apesar da desmoralização do atual gabinete e da impossibilidade de prosseguir na campanha, persistis em sustentá-lo, neste caso, em nome do país, eu vos peço a suspensão das hostilidades.

Mandai que nossas forças recolham às fronteiras. Uma divisão de encouraçados pode continuar nas águas do Paraná a hostilizar o inimigo. Tratemos de organizar o exército de Mato Grosso, o que devera ter sido o nosso primeiro cuidado; e, sem fazer a paz, como quem abandona uma empresa mal delineada reservando-se o direito de renová-la mais tarde com sucesso, faríamos uma pausa ao menos nas calamidades do presente.

Fora indigno, decerto, celebrar a paz com o Paraguai; nem há brasileiro que sofra a só ideia de semelhante baixeza. Não é indecoroso, porém, abandonar esse povo infeliz à tirania de Lopez, na qual persiste; e reconhecer o império a impossibilidade de penetrar agora no antro do déspota.

O maior capitão da Antiguidade, Alexandre, não conseguiu abater a resistência de um povo bárbaro, os Citas,[14] e por isso não ficou mareada a sua glória, a que a providência havia assinado mais altos destinos do que o desbarato de algumas hordas selvagens.

Roma, já orgulhosa república, derrotada pelos Samnitas,[15] curtiu a vergonha de ver passarem seus exércitos pelas forças caudinas.[16] Mais tarde, poderoso império, duas vezes tentou invadir a Pártia[17] e duas vezes foram destroçados seus numerosos exércitos.

Em 1498, o imperador Maximiano I,[18] então o maior soberano da Europa, sentiu quanto o sentimento da independência fortalece um pequeno povo. Oito vezes batido em oito meses pela Suíça, foi coagido a desistir da projetada conquista.

Inglaterra não penetrou no coração da Índia de um jato. Foi depois de uma luta porfiada, a preço de muito

[14]Conjunto de povos que habitavam a região da Eurásia. Os próximos parágrafos arrolam inúmeras derrotas militares de civilizações ilustres, como exemplos históricos particulares do tópico sobre o possível e conveniente. Para Alencar, reveses bélicos para um povo menor não implicam desonra a uma nação brilhante; daí a conveniência do armistício.

[15]Antigo povo da península itálica que derrotou Roma no séc. IV.

[16]Forças samnitas.

[17]Mesmo que Império Arsácida, potência hegemônica do Oriente Médio que impôs duras derrotas aos romanos, vistas por Plutarco como entre as piores tragédias militares da época (vide "Vida de Crasso", in *Vidas paralelas*).

[18]Maximiliano I (1459–1519), imperador do Sacro-Império Romano Germânico.

sangue, que ela fundou sua dominação asiática. Também a França teve de suportar enormes sacrifícios e sucessivas derrotas, antes de conquistar sua colônia de Algéria.[19]

O poder colossal da Rússia por longo tempo se quebrou ante a coragem indômita das tribos caucasianas. Desde 1839 até nossos dias, o intrépido Shamil[20] zombou dos exércitos aguerridos do autocrata.

Ultimamente, França, a Palas armada da Europa, retirou suas forças do México sem haver conseguido a completa submissão do país. Não foi ao infeliz Maximiliano, mas a Napoleão III, que Juarez destronou do sólio mexicano.[21]

E dirá alguém que Roma, Alemanha, Rússia, Inglaterra e França ficaram desonradas perante a posteridade, porque recuaram ante a impossibilidade a fim de recolher as forças e superar de um impulso os obstáculos naturais?

Os remoinhos e as barrancas do Paraguai valem sem dúvida os desfiladeiros de Clúsio, as geleiras da Suíça, o clima deletério da Índia, as estepes da África e os despenhadeiros do Cáucaso.

Há estadistas, senhor, que adejam pelas alturas e se prendem como os insetos às teias de aranha. A estes parecerá sem dúvida uma coisa inaudita e espantosa essa suspensão de uma guerra, sem as fórmulas consagradas pelos estilos, sem o conveniente aparato da diplomacia, tão funesto ao país.

[19]Argélia.

[20]Imame Shamil (1797–1871), líder político-religioso de povos islâmicos na resistência à invasão russa do norte do Cáucaso.

[21]Alusão ao apoio que Napoleão III prestou à oposição mexicana nos conflitos que resultaram no fim da república e na deposição do presidente Benito Juárez. Sob a proteção do Imperador francês, o arquiduque austríaco Maximiliano de Habsburgo assumiu o trono do efêmero Império Mexicano (1864–1867), mas acabou deposto e fuzilado pela reação republicana.

Bem compreendeis, senhor, que não devemos sacrificar a dignidade nacional por tais filigranas de ouro falso. Ainda quando a Europa, mesmo nos tempos modernos, não houvesse dado o exemplo de cessação das relações internacionais entre nações inimigas, podíamos nós admiti-lo; nós, que não reconhecemos nenhum equilíbrio americano; e não consagramos, portanto, o princípio da intervenção.

Mas não creio que o Brasil tenha chegado a um tal estado de inanição, para suspender a guerra e deixar impune o Paraguai; o que se observa é somente prostração e torpor; é abatimento causado pela obsessão deste gabinete, que sufoca a nação, como um pesadelo horrível.

Retire-se esta opressão, e o país há de recuperar as forças inertes, os brios abatidos. O império será outra vez o Brasil da independência, o Brasil de 1851.

Um novo gabinete, composto de boas inteligências e, sobretudo, de corações de lei, é a única salvação possível para a honra nacional comprometida no Paraguai e para as instituições pátrias, ameaçadas aqui, no seio mesmo do país. Um novo gabinete, rico de energia, será o cravo da revolução, o freio da anarquia.

Apressai-vos, senhor, a brindar o monstro que avança. Escolhei homem capaz de o domar; senão, é inevitável a devastação do império. Iludi-vos, se pensais que teremos outro 42 ou 48.[22] Infelizmente, não há de ser o desespero de um partido que prorrompa; mas o desprezo formidável de uma sociedade inteira.

O novo gabinete deve ser exclusivo em política, filho

[22]Alusão às rebeliões liberais de 1842, em São Paulo e Minas Gerais, e de 1848, em Pernambuco, deflagradas após a ascensão de ministérios conservadores.

de um só partido e compacto em uma só vontade. O contubérnio[23] de opiniões diversas é uma prostituição como qualquer outra; não será lastrando mais a corrupção e envolvendo nela os homens ainda puros que se há de servir à causa nacional.

Se os estadistas brasileiros não podem salvar a pátria senão por este meio, eu respondo por ela, sem receio de ser desmentido: "Por tal preço, não queremos a salvação. Venha então o terrível batismo com que a Providência nos há de purificar da mácula; para que outra vez sejamos nação, pois agora quase não temos direito a esse título!"

É preciso que o novo gabinete tenha bastante civismo para arrostar as dificuldades da guerra, se for necessária a sua continuação; e afrontar com as odiosidades e prevenções da paz, caso se torne esta indeclinável. O partido que trepida diante dessa grave responsabilidade e carece de reparti-la com outros não é partido, mas um acervo de ambições, que por bem do país conviria aniquilar.

O partido conservador está designado pela lógica dos fatos como o depositário da situação. Não tem a cumplicidade desta guerra; não o tolhem compromissos do passado. Entraria no poder com a imparcialidade do juiz.

Se o partido conservador recusar o sacrifício, serei o primeiro, senhor, a proclamá-lo traidor à pátria e a pedir a sua dissolução, como uma necessidade pública e uma justa punição.

[23]*Contubérnio*: coabitação. Trata-se de uma censura oblíqua ao preceito, imposto por D. Pedro II desde a década de 1850, segundo o qual os gabinetes em exercício deveriam compor ministérios mistos (com liberais e conservadores). O Imperador via nesse princípio, batizado de política da Conciliação, a única maneira de provocar a partilha do poder sem a dissolução da Câmara dos Deputados, já que o gabinete influía nas eleições gerais, garantindo invariavelmente maioria absoluta e perpetuando-se no poder. O núcleo do Partido Conservador, de José de Alencar, sempre se opôs, às vezes implícita, outras explicitamente, à Conciliação.

Pese bem o imperador as circunstâncias do país. O atual gabinete criou uma situação ambígua e indefinível; a guerra, com todas as vergonhas da paz, porque não vencemos nem mesmo combatemos; a paz, com todos os encargos da guerra, porque o ouro jorra de contínuo para o sul, de envolta com o soro do sangue brasileiro.

Rio, 23 de setembro
Erasmo

ÚLTIMA CARTA

Senhor[1]

Aqui ponho fim à minha missão na imprensa. Esta é a última carta, a derradeira palavra que vos dirige o escritor desconhecido.

Apareceu ele em fins de 1865; e desaparece hoje para sempre da imprensa brasileira. Se a não honrou com os esplendores do talento, ao menos aí deixa uma memória estimada pela franqueza e sinceridade.

Quem foi Erasmo, estou convencido que o sabeis. O coração do homem de bem é uma pedra de toque para as pessoas que dele se aproximam. Desde os primeiros tempos distinguistes dos assomos do despeito e da ambição a palavra de um cidadão leal, amigo do soberano, porém súdito principalmente da verdade e da justiça.

Não lhe conheceis o nome, e para quê?

Esse nome não tem serventia no mundo político. Não podem fazer dele nas circunstâncias atuais nem um escândalo nem um martírio. Seria uma questão de letras; fútil curiosidade e nada mais.

Se, para dirigir-me à majestade do Sr. D. Pedro II, envolvi-me no mistério, não foi por temor. Ninguém

[1]Publicado após longo intervalo de seis meses, esse texto, que glosa a decadência política geral do Império, é desconhecido de alguns pesquisadores e biógrafos, cujos trabalhos registram apenas seis *Novas cartas políticas*. Dele reproduzimos o epílogo, que anuncia a despedida da campanha epistolar de Erasmo.

neste país ignora que as audácias contra a pessoa inviolável não só não têm o menor perigo, como são títulos à grandeza. A generosidade do imperador sabe vingar-se!

Assim, quando alguma vez a pena se embebia de verdades mais austeras, hesitei. Receava ofender-vos, a vós inofensivo; não queria que minha palavra parecesse uma covardia ou um cálculo: duas coisas, cada qual mais repreensível.

Só a força da convicção me obrigava a produzir exteriormente o pensamento; mas então jurava a mim mesmo aprofundar-me cada vez mais na humilde obscuridade para me esquivar a qualquer tênue raio de vossa magnanimidade, ou a algum erradio vislumbre de popularidade. Creio que o consegui, e com esta íntima satisfação entro no nada donde saí.

Foi a consciência que me aconselhou o mistério. Para falar-vos com a franqueza precisa, era necessário ter um nome respeitado, cheio de prestígio e autoridade. Faltando-me esse título, só me restava o da verdade. A ideia é essencialmente democrática; ela nivela o trono com o povo.

Fiz-me ideia, portanto, para ter o direito de interrogar a majestade.

Se houvesse ameaça de perigo no empenho que tomei, ou eu não me lançara a semelhante cometimento, pois me falia a coragem, ou saberia afrontar a publicidade. Mas o perigo estava justamente na sombra, no isolamento, onde eu permanecia.

Aí, senhor, entregue às forças próprias, sem conselho e sem conforto, vendo abrir-se em torno um vácuo imenso para a fé que tinha nos homens; aí, duvidando muitas vezes de mim, único entusiasta no meio da geral descrença; lutei, senhor, contra a opinião e contra mim mesmo.

Há gente para quem o perigo é somente a ofensa física, ou o golpe que fere o corpo e a bolsa. Materialismo que prostitui a coragem, como tem prostituído outros sentimentos do homem. A vida e a propriedade, bens preciosos quando servem a um fim nobre, tornam-se coisas vis, se prestam unicamente para depravar o homem e corromper-lhe a alma.

Arrostar a corrupção é, em tempos como estes, mais generoso e heroico esforço do que nas épocas revolucionárias afrontar a morte e o exílio. Inebriados pelo entusiasmo, as vítimas da tirania sobem ao patíbulo coroadas de flores e entoando a canção patriótica. Mas a vítima da imoralidade está sujeita a cada instante a falsear diante da sedução, deixando-se arrastar às gemonias[2] da desonra e do opróbrio.

Não é difícil a quem tem nobres e legítimas aspirações resistir ao afagos do poder corruptor quando a solidariedade dos homens de bem lhe serve de apoio.

Mas, se tomada de um pânico invencível, a gente honesta se extraviou e, por uma complacência censurável, cerca os audazes, então faz-se necessária uma grande força e constância para preservar-se do contágio.

Que doloroso espetáculo o da atualidade!

Aos que tombam e se escorjam no pó, a multidão os cobre de aplausos e ovações. Atualmente é glorioso cair; quase infame recatar-se. Cada caráter que vacila e se abate no circo é um triunfador. As turbas o levantam e carregam aos ombros em troféu. Os homens sisudos, que

[2]*Gemonias*: na Roma antiga, parte do monte Capitolino onde se expunham corpos supliciados.

têm a franqueza de servir a popularidade, fazem cauda ao cortejo.

Esses triunfadores se atraem uns aos outros, onde quer que se achem. O instinto da conservação os aproxima e identifica. Eles se personificam em um só e mesmo eu, que por escárnio chamam gênio e virtude. Não há nada mais comum neste tempo do que os ambiciosos que se estreitam e fazem bícepes[3] e trifauces[4] para ameaçar a sociedade brasileira.

Obscuro cidadão, posso, querendo, me submergir na vida privada ou refugiar-me na tranquila mansão das letras, como fez o velho Milton depois de uma vida gasta em defesa das liberdades pátrias.[5] Com o direito de escolher o modo de servir o meu país, não estou privado de subtrair-me à influência perniciosa da política.

Mas vós, senhor!... Que terrível suplício! Assistir como testemunha impassível à decadência deste grande império, que Deus formou para os mais altos destinos! Contemplar de braços cruzados a degeneração desta raça predestinada, a quem a Providência primeiro abriu a imensidade do oceano!

Tântalo-rei,[6] encadeado a esse tártaro da política, desejareis uma nação e encontrareis apenas...

[3]*Bícepe*: dotado de duas cabeças.

[4]*Trifauce*: que tem três goelas.

[5]Referência a John Milton (1608–1684), célebre escritor inglês e polemista profícuo na Guerra Civil Inglesa (1640–1660), em que atuou ao lado dos protestantes. Após a Restauração monárquica, retirou-se da vida política para a plena dedicação a sua obra máxima, o poema épico *The Paradise Lost* (1677).

[6]Rei mítico grego que, por ludibriar os deuses no Olimpo, foi condenado a penar no Tártaro em um riacho cujas águas escapavam de seus lábios e a viver perto de árvores cujos frutos fugiam de suas mãos. Assim como Tântalo era privado dos prazeres elementares da vida, D. Pedro II não encontraria seu principal alívio, a nação brasileira.

Natio comeda est, disse Juvenal.[7]

Adeus, senhor. Eu me retiro deixando a vez à sátira, que é a eloquência do presente. Só tomam ao sério as coisas e os homens desta época os charlatães que se apascentam nela. O cidadão cordato ou chora ou gargalha.

O tempo não é para Erasmo; mas para Jeremias ou Rabelais;[8] para o treno[9] ou para o sarcasmo. *Ride si sapis*:[10] diz, como o poeta, a história contemporânea a todo o observador grave que se esforça por estudá-la.

Adeus, senhor. Se nos dias da próxima tribulação vos parecer conveniente que a voz frágil deste escritor se levante em defesa das instituições e do Sr. D. Pedro II, sua expressão viva, o achareis entre os raros amigos da adversidade: entre os que já não esperam nem temem.

Nada vos devo. Se por seu trabalho o indivíduo que fui recebeu outrora a honra de servir oficialmente seu país, não é isto favor. Que o fosse, vosso governo o apagou embaciando o lustre dessa glória legítima. As aspirações mortas em flor já pagaram à usura aquela distinção.

Aprendi, sim, a venerar-vos como um homem de bem e um príncipe virtuoso. Fora preciso testemunhar fatos muito graves, para despedir-me de uma crença que me acompanha desde tantos anos. Não sei mesmo se vossos defeitos de rei não são inerentes às vossas qualidades de homem.

O homem, porém, é nada em um trono constitucional. A excelência do sistema representativo está justamente nessa virtude de anular a individualidade do mo-

[7]"A nação é uma comediante", do poeta satírico Juvenal (séc. I d.C.), cujo original se lê "natio comoeda est" ("Sátira III", 100).

[8]Alusão, respectivamente, à personagem bíblica Jeremias, que viveu a captura do Reino de Judá por Babilônia, e ao escritor satírico François Rabelais, autor de *Gargântua e Pantagruel* (séc. XVI).

[9]*Treno*: elegia; lamento fúnebre.

[10]"Ri, se fores sábio", frase do poeta satírico Martial (séc. I).

narca e neutralizar por conseguinte suas paixões. Não há, não pode haver mau imperador, sob o domínio da constituição brasileira. Tibério ou Filipe II,[11] submetidos a ela, seriam impotentes para o mal.

O imperador constitucional é um princípio e, portanto, representa sempre o bem. Não pode falir, dizem os ingleses. Só erra quando o povo é ruim, os ministros péssimos e a opinião nula. Neste caso, eu creio que o despotismo é mais que uma justiça, é uma fatalidade.

Há exemplos de povos que reclamam um tirano com veemência, qual nunca sentiram pela liberdade. Roma, abeberada de anarquia, teve a luxúria da tirania; atirou-se desgrenhada e ébria como uma bacante aos braços dos triúnviros e ditadores: de Mário a Silas, de Silas a Pompeu, de Pompeu a César, de César a Augusto, até que achou os Neros e Calígulas para a cevarem de torpezas e crueldades.

A história nos ensina esta grande verdade, que devia ser profundamente gravada na consciência de todas as nações, e eu a deixo aqui, na página final, como um símbolo para os brasileiros:

A LIBERDADE NOS PAÍSES CONSTITUCIONAIS NÃO DEPENDE DO REI, E SÓ DO POVO. MUDAR O REI NÃO É ATO DE JUSTIÇA, MAS UMA VINGANÇA MESQUINHA E UMA INÉPCIA DO POVO QUE NÃO SABE GOVERNAR-SE.

15 de março de 1868
Erasmo

P.S. Motivos imperiosos retardaram a publicação desta carta.

[11] Remissão ao imperador romano Tibério (14–37 d.C.) e ao monarca espanhol Filipe II (1556–1598), cujos governos se tornaram sinônimo de administrações despóticas.

COLEÇÃO DE BOLSO HEDRA

1. *Iracema*, Alencar
2. *Don Juan*, Molière
3. *Contos indianos*, Mallarmé
4. *Auto da barca do Inferno*, Gil Vicente
5. *Poemas completos de Alberto Caeiro*, Pessoa
6. *Triunfos*, Petrarca
7. *A cidade e as serras*, Eça
8. *O retrato de Dorian Gray*, Wilde
9. *A história trágica do Doutor Fausto*, Marlowe
10. *Os sofrimentos do jovem Werther*, Goethe
11. *Dos novos sistemas na arte*, Maliévitch
12. *Mensagem*, Pessoa
13. *Metamorfoses*, Ovídio
14. *Micromegas e outros contos*, Voltaire
15. *O sobrinho de Rameau*, Diderot
16. *Carta sobre a tolerância*, Locke
17. *Discursos ímpios*, Sade
18. *O príncipe*, Maquiavel
19. *Dao De Jing*, Laozi
20. *O fim do ciúme e outros contos*, Proust
21. *Pequenos poemas em prosa*, Baudelaire
22. *Fé e saber*, Hegel
23. *Joana d'Arc*, Michelet
24. *Livro dos mandamentos: 248 preceitos positivos*, Maimônides
25. *O indivíduo, a sociedade e o Estado, e outros ensaios*, Emma Goldman
26. *Eu acuso!*, Zola | *O processo do capitão Dreyfus*, Rui Barbosa
27. *Apologia de Galileu*, Campanella
28. *Sobre verdade e mentira*, Nietzsche
29. *O princípio anarquista e outros ensaios*, Kropotkin
30. *Os sovietes traídos pelos bolcheviques*, Rocker
31. *Poemas*, Byron
32. *Sonetos*, Shakespeare
33. *A vida é sonho*, Calderón
34. *Escritos revolucionários*, Malatesta
35. *Sagas*, Strindberg
36. *O mundo ou tratado da luz*, Descartes
37. *O Ateneu*, Raul Pompeia
38. *Fábula de Polifemo e Galateia e outros poemas*, Góngora
39. *A vênus das peles*, Sacher-Masoch
40. *Escritos sobre arte*, Baudelaire
41. *Cântico dos cânticos*, [Salomão]
42. *Americanismo e fordismo*, Gramsci
43. *O princípio do Estado e outros ensaios*, Bakunin
44. *O gato preto e outros contos*, Poe
45. *História da província Santa Cruz*, Gandavo
46. *Balada dos enforcados e outros poemas*, Villon
47. *Sátiras, fábulas, aforismos e profecias*, Da Vinci
48. *O cego e outros contos*, D.H. Lawrence

49. *Rashômon e outros contos*, Akutagawa
50. *História da anarquia (vol. 1)*, Max Nettlau
51. *Imitação de Cristo*, Tomás de Kempis
52. *O casamento do Céu e do Inferno*, Blake
53. *Cartas a favor da escravidão*, Alencar
54. *Utopia Brasil*, Darcy Ribeiro
55. *Flossie, a Vênus de quinze anos*, [Swinburne]
56. *Teleny, ou o reverso da medalha*, [Wilde et al.]
57. *A filosofia na era trágica dos gregos*, Nietzsche
58. *No coração das trevas*, Conrad
59. *Viagem sentimental*, Sterne
60. *Arcana Cœlestia* e *Apocalipsis revelata*, Swedenborg
61. *Saga dos Volsungos*, Anônimo do séc. XIII
62. *Um anarquista e outros contos*, Conrad
63. *A monadologia e outros textos*, Leibniz
64. *Cultura estética e liberdade*, Schiller
65. *A pele do lobo e outras peças*, Artur Azevedo
66. *Poesia basca: das origens à Guerra Civil*
67. *Poesia catalã: das origens à Guerra Civil*
68. *Poesia espanhola: das origens à Guerra Civil*
69. *Poesia galega: das origens à Guerra Civil*
70. *O chamado de Cthulhu e outros contos*, H.P. Lovecraft
71. *O pequeno Zacarias, chamado Cinábrio*, E.T.A. Hoffmann
72. *Tratados da terra e gente do Brasil*, Fernão Cardim
73. *Entre camponeses*, Malatesta
74. *O Rabi de Bacherach*, Heine
75. *Bom Crioulo*, Adolfo Caminha
76. *Um gato indiscreto e outros contos*, Saki
77. *Viagem em volta do meu quarto*, Xavier de Maistre
78. *Hawthorne e seus musgos*, Melville
79. *A metamorfose*, Kafka
80. *Ode ao Vento Oeste e outros poemas*, Shelley
81. *Oração aos moços*, Rui Barbosa
82. *Feitiço de amor e outros contos*, Ludwig Tieck
83. *O corno de si próprio e outros contos*, Sade
84. *Investigação sobre o entendimento humano*, Hume
85. *Sobre os sonhos e outros diálogos*, Borges | Osvaldo Ferrari
86. *Sobre a filosofia e outros diálogos*, Borges | Osvaldo Ferrari
87. *Sobre a amizade e outros diálogos*, Borges | Osvaldo Ferrari
88. *A voz dos botequins e outros poemas*, Verlaine
89. *Gente de Hemsö*, Strindberg
90. *Senhorita Júlia e outras peças*, Strindberg
91. *Correspondência*, Goethe | Schiller
92. *Índice das coisas mais notáveis*, Vieira
93. *Tratado descritivo do Brasil em 1587*, Gabriel Soares de Sousa
94. *Poemas da cabana montanhesa*, Saigyō
95. *Autobiografia de uma pulga*, [Stanislas de Rhodes]
96. *A volta do parafuso*, Henry James
97. *Ode sobre a melancolia e outros poemas*, Keats
98. *Teatro de êxtase*, Pessoa
99. *Carmilla — A vampira de Karnstein*, Sheridan Le Fanu

100. *Pensamento político de Maquiavel*, Fichte
101. *Inferno*, Strindberg
102. *Contos clássicos de vampiro*, Byron, Stoker e outros
103. *O primeiro Hamlet*, Shakespeare
104. *Noites egípcias e outros contos*, Púchkin
105. *A carteira de meu tio*, Macedo
106. *O desertor*, Silva Alvarenga
107. *Jerusalém*, Blake
108. *As bacantes*, Eurípides
109. *Emília Galotti*, Lessing
110. *Contos húngaros*, Kosztolányi, Karinthy, Csáth e Krúdy
111. *A sombra de Innsmouth*, H.P. Lovecraft
112. *Viagem aos Estados Unidos*, Tocqueville
113. *Émile e Sophie ou os solitários*, Rousseau
114. *Manifesto comunista*, Marx e Engels
115. *A fábrica de robôs*, Karel Tchápek
116. *Sobre a filosofia e seu método — Parerga e paralipomena (v. II, t. I)*, Schopenhauer
117. *O novo Epicuro: as delícias do sexo*, Edward Sellon
118. *Revolução e liberdade: cartas de 1845 a 1875*, Bakunin
119. *Sobre a liberdade*, Mill
120. *A velha Izerguil e outros contos*, Górki
121. *Pequeno-burgueses*, Górki
122. *Um sussurro nas trevas*, H.P. Lovecraft
123. *Primeiro livro dos Amores*, Ovídio
124. *Educação e sociologia*, Durkheim
125. *Elixir do pajé — poemas de humor, sátira e escatologia*, Bernardo Guimarães
126. *A nostálgica e outros contos*, Papadiamántis
127. *Lisístrata*, Aristófanes
128. *A cruzada das crianças/ Vidas imaginárias*, Marcel Schwob
129. *O livro de Monelle*, Marcel Schwob
130. *A última folha e outros contos*, O. Henry
131. *Romanceiro cigano*, Lorca
132. *Sobre o riso e a loucura*, [Hipócrates]
133. *Hino a Afrodite e outros poemas*, Safo de Lesbos
134. *Anarquia pela educação*, Élisée Reclus
135. *Ernestine ou o nascimento do amor*, Stendhal
136. *A cor que caiu do espaço*, H.P. Lovecraft
137. *Odisseia*, Homero
138. *O estranho caso do Dr. Jekyll e Mr. Hyde*, Stevenson
139. *História da anarquia (vol. 2)*, Max Nettlau
140. *Eu*, Augusto dos Anjos
141. *Farsa de Inês Pereira*, Gil Vicente
142. *Sobre a ética — Parerga e paralipomena (v. II, t. II)*, Schopenhauer
143. *Contos de amor, de loucura e de morte*, Horacio Quiroga
144. *Memórias do subsolo*, Dostoiévski

Edição _ Bruno Costa e Jorge Sallum
Co-edição _ Alexandre B. de Souza
Projeto gráfico _ Júlio Dui e Renan Costa Lima
Capa _ Rafic Farah e Escola da Cidade
Imagem de capa _ Um dos maiores atores brasileiros, Grande Otelo, fotografado por Tiago Veloso, no filme Macunaíma de Joaquim Pedro de Andrade
Programação em LaTeX _ Marcelo Freitas
Assistente editorial _ Janaína Navarro e Bruno Oliveira
Colofão _ Adverte-se aos curiosos que se imprimiu esta obra em nossas oficinas em 10 de abril de 2013, em papel off-set 90 g/m², composta em tipologia Minion Pro, em GNU/Linux (Gentoo, Sabayon e Ubuntu), com os softwares livres LaTeX, DeTeX, VIM, Evince, Pdftk, Aspell, SVN e TRAC.